Impressum
Verlag: BABADADA GmbH, Nedderfeld 112 , 22529 Hamburg
Geschäftsführer / Verlagsleitung: Harald Hof
Druck: Books on Demand GmbH, In de Tarpen 42, 22848 Norderstedt

Imprint
Publisher: BABADADA GmbH, Nedderfeld 112 , 22529 Hamburg, Germany
Managing Director / Publishing direction: Harald Hof
Print: Books on Demand GmbH, In de Tarpen 42, 22848 Norderstedt

dibistan

el colegio

sef
el aula

parkirin
dividir

186/2

texte
el pizarrón

hewşa dibistanê
el patio de la escuela

mamoste
el maestro

kaxez
el papel

nivîsandin
escribir

pênivîsk
la birome

mase
el escritorio

rastek
la regla

pirtûk
el libro

xwendekar
el alumno

çewal

la mochila

qûtî nivîstok

la caja de lápices

qelemrisas

el lápiz

nivîstok tûjkir

el sacapuntas

jêbir

la goma (de borrar)

nivîska nîgarê

el bloc de dibujo

nîgar

el dibujo

firçeya rengê

el pincel

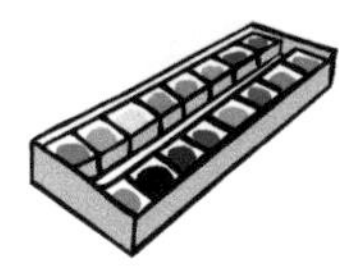

qûtî reng

la caja de pinturas

meqes

la tijera

lezaq

el pegamento

pirtûka fêrbûn

el cuaderno de ejercicios

wezîfa malê

la tarea

hejmar

el número

zêdekirin

sumar

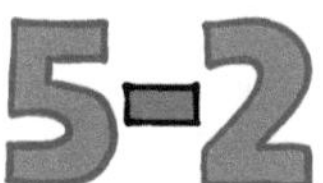

derxistin

restar

zêdekirin

multiplicar

hesibandin

calcular

tîp

la letra

alfabe

el abecedario

peyv

la palabra

nivîsê

el texto

xwandin

leer

geç

la tiza

ders

la lección

qeydkirin

el cuaderno de clase

îmtîhan

el examen

şehade

el certificado

kinca dibistanê

el uniforme escolar

perwerdehî

la educación

zanistname

la enciclopedia

zanîngeh

la universidad

mîkroskûp

el microscopio

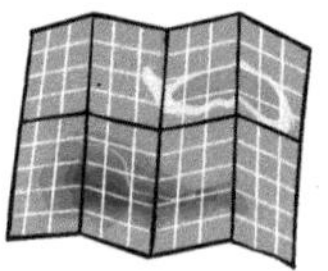

xerîte

el mapa

sepeta kaxezê

el tacho (de basura)

rêwêtî
el viaje

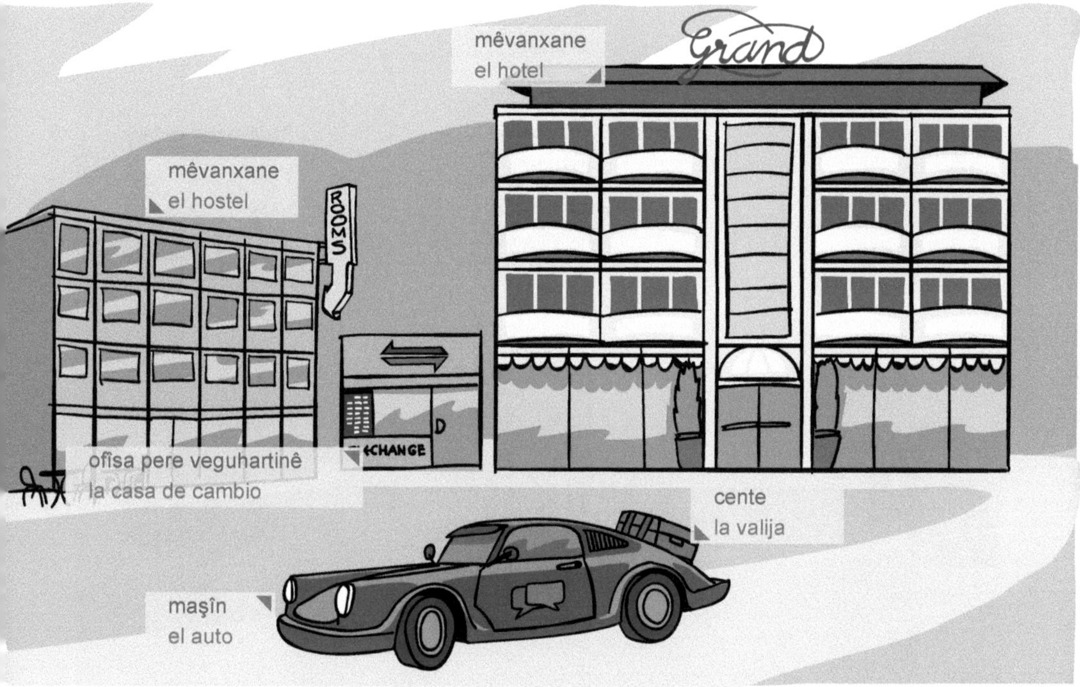

mêvanxane
el hotel
Grand
mêvanxane
el hostel
ROOMS
ofîsa pere veguhartinê
la casa de cambio
€CHANGE
cente
la valija
maşîn
el auto

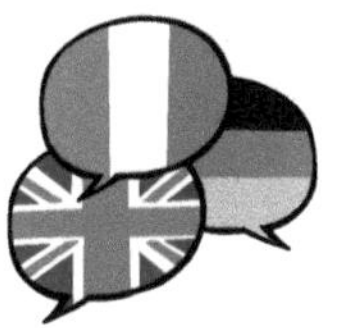

ziman

el idioma

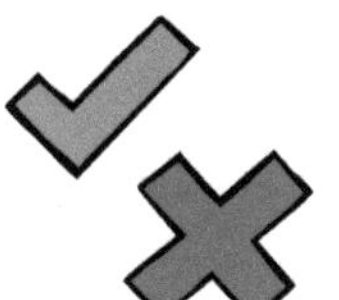

belê / na

sí / no

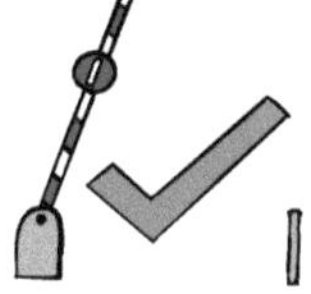

baş

Está bien

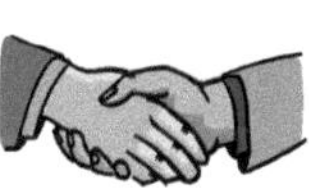

silav

hola

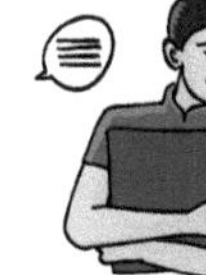

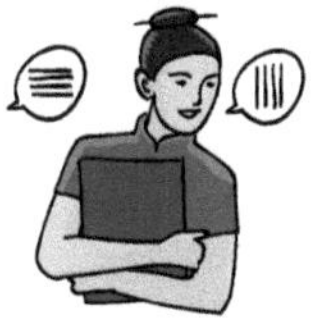

wergêra nivîskî

el traductor

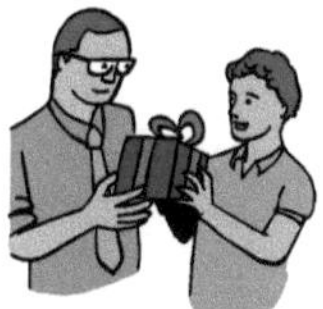

sipas

Gracias

bihayê … çi qase?

¿cuánto cuesta…?

ez fam nakim

No entiendo

pirsgirêk

el problema

êvarbaş!

¡Buenas tardes!

beyanî baş!

¡Buenos días!

şev baş!

¡Buenas noches!

xatirê te

el adiós

alî

la dirección

hûrmûr

el equipaje

çente

el bolso

çente pişt

la mochila

mêvan

el invitado

ode

la habitación

came xew

la bolsa de dormir

çadir

la carpa

agagiyên gerokan

la información turística

rexê avê

la playa

kartê qerzê

la tarjeta de crédito

taştê

el desayuno

firavîn

el almuerzo

şîv

la cena

kart

el pasaje

asansor

el ascensor

pûl

el sello

tixûb

la frontera

gumirk

la aduana

balyozxane

la embajada

vîza

la visa

pasaport

el pasaporte

guhaztin

el transporte

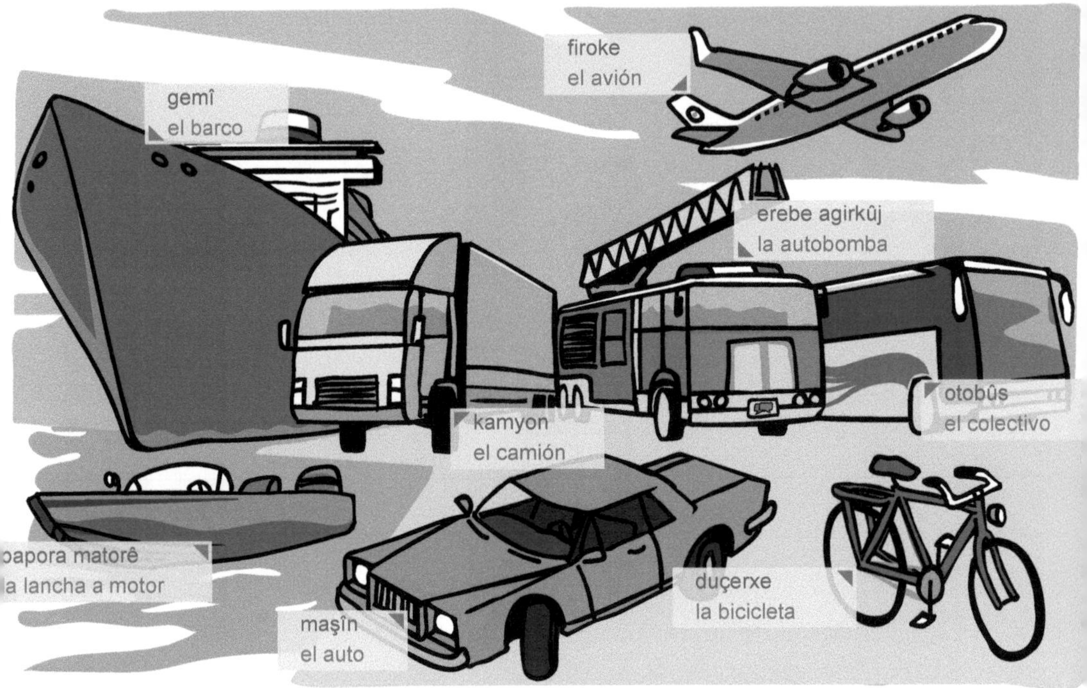

firoke
el avión

gemî
el barco

erebe agirkûj
la autobomba

otobûs
el colectivo

kamyon
el camión

apora matorê
a lancha a motor

duçerxe
la bicicleta

maşîn
el auto

papor

el ferry

papor

el bote

motorsîklêt

la moto

trimbêla polîsê

el patrullero

trimbêla pêşbaziyê

el auto de carreras

erebe kirêkirinê

el auto de alquiler

maşîn pervekirin

el alquiler de autos

kamyona kişandinê

la grúa

kamyona xwelî

el camión de la basura

motorsîklêt

el motor

mazot

la nafta

îstegeha benzînê

la estación de servicio

tabloya tirafîkê

la señal de tránsito

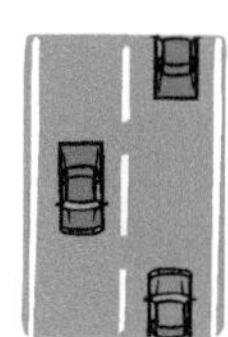

hatinûçûn

el tránsito

tirafîk

el embotellamiento

cihê parkê

el estacionamiento

rawesteka trênê

la estación de tren

rêç

las vías

trên

el tren

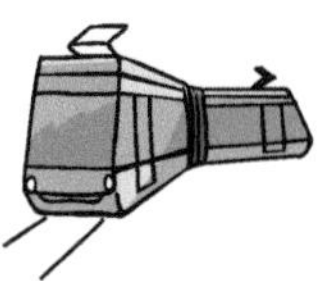

trênê kolanê

el tranvía

erebe

el vagón

babirok

el helicóptero

balafirgeh

el aeropuerto

birc

la torre

misafir

el pasajero

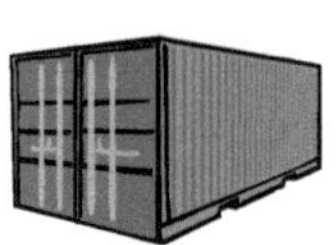

qûtî

el contenedor

qûtî

la caja de cartón

girgirok

la carretilla

selik

la canasta

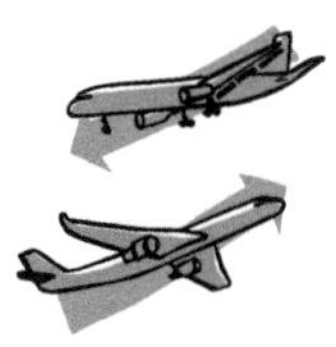

rabûn / nîştin

despegar / aterrizar

bajar

la ciudad

gund

el pueblo

navenda bajarê

el centro de la ciudad

xanî

la casa

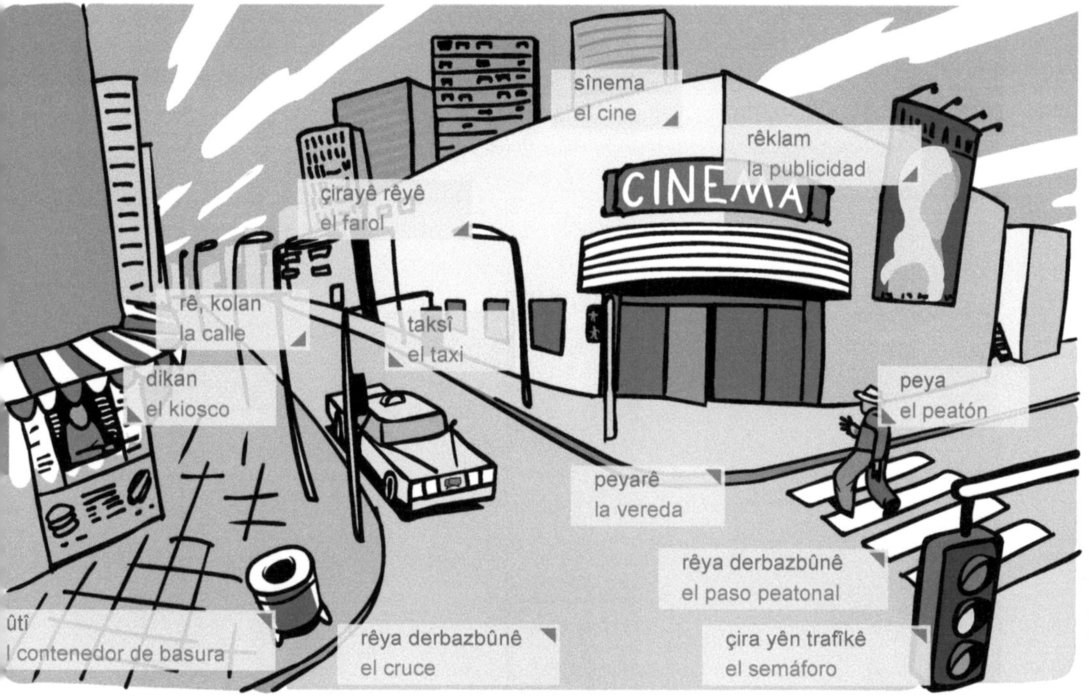
sînema
el cine
rêklam
la publicidad
CINEMA
çirayê rêyê
el farol
rê, kolan
la calle
taksî
el taxi
dikan
el kiosco
peya
el peatón
peyarê
la vereda
rêya derbazbûnê
el paso peatonal
ûtî
l contenedor de basura
rêya derbazbûnê
el cruce
çira yên trafîkê
el semáforo

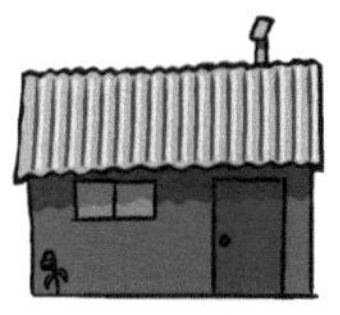

kox

la cabaña

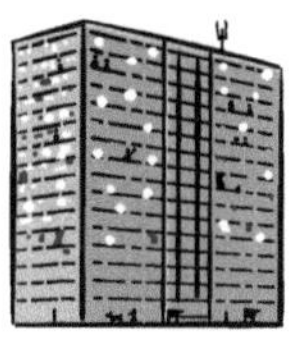

xanî

el departamento

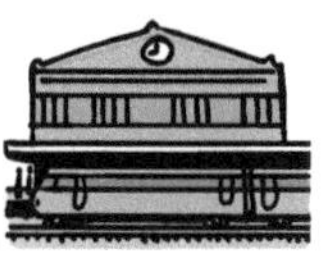

rawesteka trênê

la estación de tren

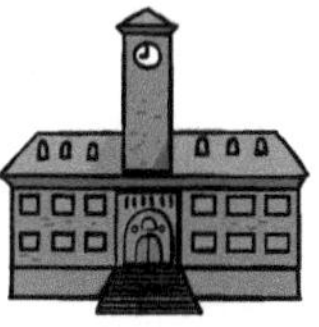

telara şarevanî

la municipalidad

MUSEUM

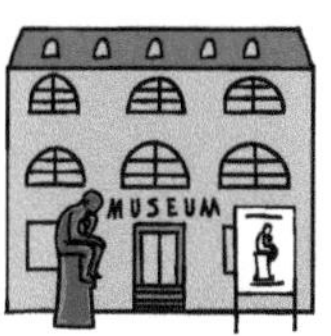

mûzexane

el museo

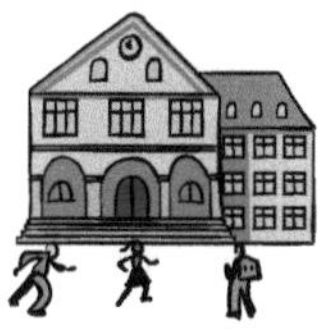

dibistan

el colegio

zanîngeh

la universidad

bank

el banco

nexweşxane

el hospital

mêvanxane

el hotel

dermanxane

la farmacia

ofîs

la oficina

kitêbfiroşî

la librería

dikan

el negocio

gulfiroş

la florería

bazar

el supermercado

bazar

el mercado

supermarket

las grandes tiendas

masîfiroş

la pescadería

navenda kirrîn

el centro comercial

bender

el puerto

park

el parque

sekû

el banco

pir

el puente

derince

las escaleras

jêr erdê

el subte

tunnel

el túnel

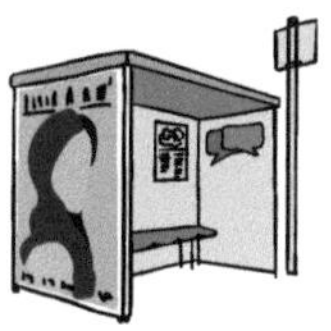

îstgeha otobûs

la parada del colectivo

bar

el bar

xwaringeh

el restaurante

sindûqa postê

el buzón

nîşanderka rêyê

el letrero

metra parkîngê

el parquímetro

baxça heywanan

el zoológico

hewza melevanî

la pileta

mizgeft

la mezquita

cotgeh

la granja

lewitandina derdor

la contaminación

goristan

el cementerio

kenîse

la iglesia

erdê leyistinê

los juegos infantiles

perestgeh

el templo

tebîet

el paisaje

gela
la hoja

nîşanderka rê
el poste indicador

rê
el camino

mêrg
la pradera

kevir
la piedra

dar
el árbol

gerok
el excursionista

çem
el río

giya
la hierba

kulîlk
la flor

dol

el valle

gir

la montaña

gol

el lago

daristan

el bosque

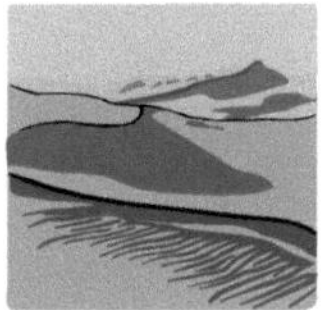

beyaban

el desierto

volkan

el volcán

keleh

el castillo

keskesor

el arco iris

kivark

el champiñón

darqesp

la palmera

mixmixk

el mosquito

mêş

la mosca

mêrî

la hormiga

hing

la abeja

pîrê

la araña

kêzik

el escarabajo

beq

la rana

sihor

la ardilla

jîjok

el erizo

kerguh

la liebre

pepûk

la lechuza

çivîk

el pájaro

qû

el cisne

berazê kovî

el jabalí

pezkovî

el ciervo

pezkovî

el alce

bendav

la presa

tûrbîna ba

el aerogenerador

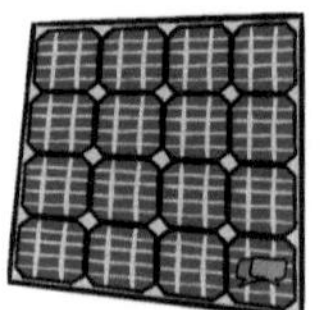

panela xorê

el panel solar

av û hewa

el clima

xwaringeh
el restaurante

berkar
el mozo

pêşek
el menú

kursî
la silla

şorbe
la sopa

pîza
la pizza

sifre
el mantel

çetel û çemçik
los cubiertos

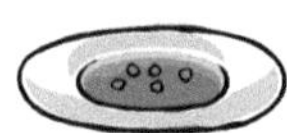

xwarina destpêk
....
la entrada

xwarina serekî
....
el plato principal

şêranî
....
el postre

vexwarinan
....
las bebidas

xwarin
....
la comida

cam
....
la botella

xwarina lez

la comida rápida

xwarina rêyê

la comida callejera

çaydanik

la tetera

qûtî şekirê

la azucarera

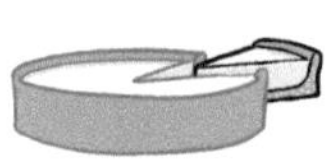

beş

la porción

mekîna çêkirinê espresso

la cafetera expreso

kursiya bilînd

la sillita alta

hesab

la cuenta

sênî

la bandeja

kêr

el cuchillo

çetel

el tenedor

kevçî

la cuchara

kevçiya çay

la cucharita

pêşgir

la servilleta

qedeh

el vaso

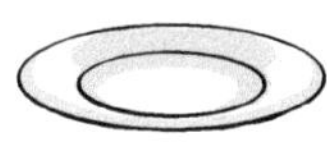

teyfik

el plato

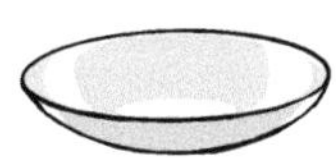

teyfika şorbe

el plato hondo

piyale

el plato

çênc

la salsa

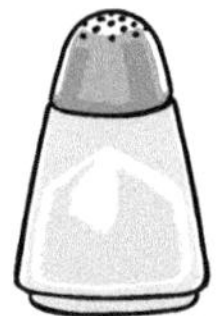

xwêdank

el salero

qûtî bîbar

el molinillo de pimienta

sêk

el vinagre

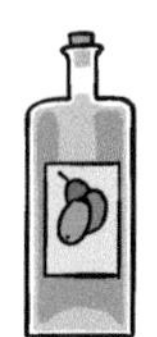

rûn

el aceite

biharat

las especias

ketçap

el kétchup

mustard

la mostaza

mayonêz

la mayonesa

bazar

el supermercado

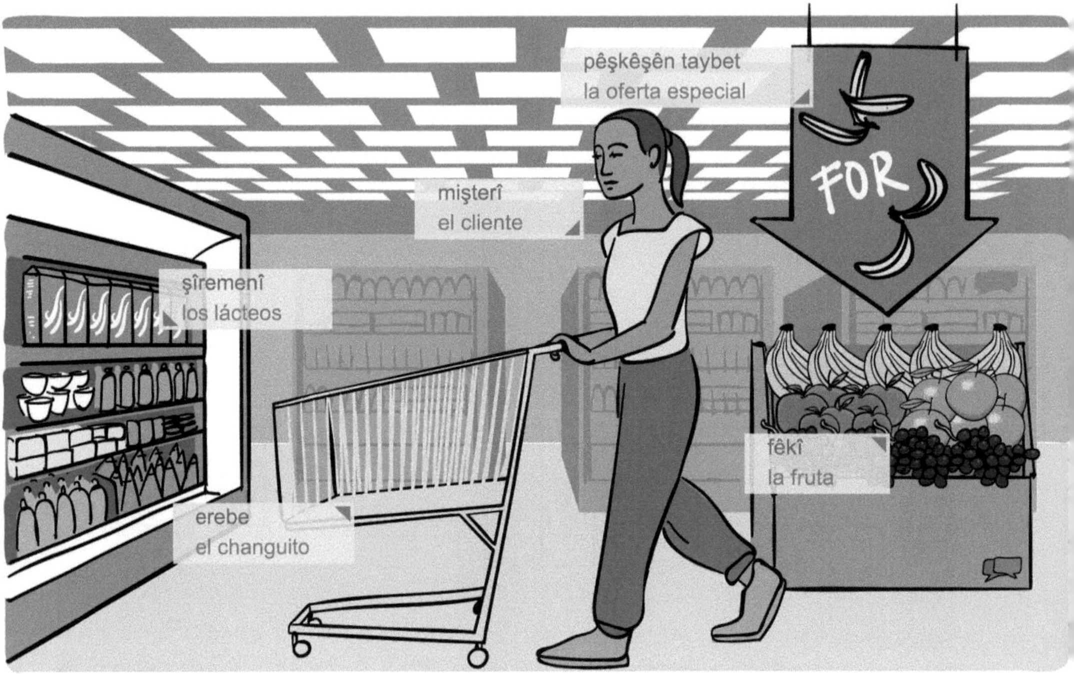

pêşkêşên taybet
la oferta especial
FOR
mişterî
el cliente
şîremenî
los lácteos
fêkî
la fruta
erebe
el changuito

BUTCHERS

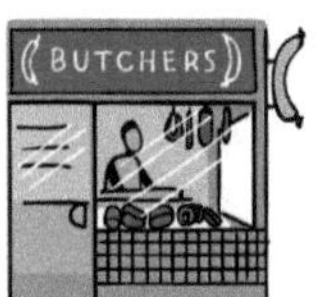

qesabî

la carnicería

BAKERY

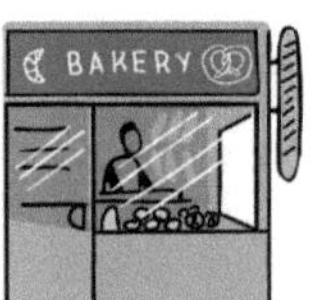

dikana nanpêj

la panadería

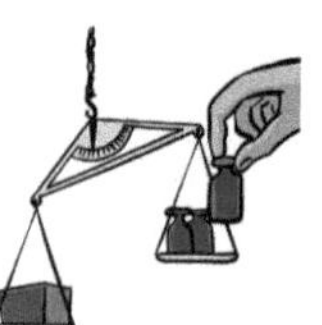

wezin kirin

pesar

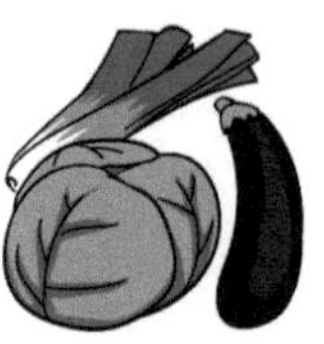

sebze

las verduras

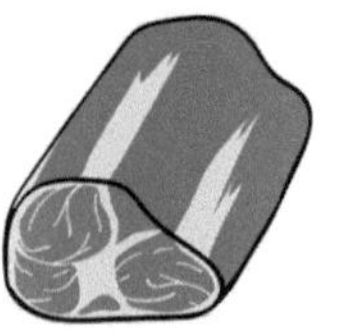

goşt

la carne

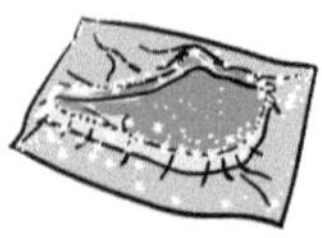

xwarinê cemedî

los alimentos congelados

goştê sar

los fiambres

xwarina pîlê

los alimentos enlatados

xubarê paqijkirinê

el detergente en polvo

şirînî

las golosinas

berhemên navxweyî

los electrodomésticos

berhemên paqijkirinê

los productos de limpieza

firoşyar

la vendedora

xeznok

la caja

diravgir

el cajero

lîsta kirrînê

la lista de compras

demên vekirî

el horario de atención

cizdan

la billetera

kartê qerzê

la tarjeta de crédito

çewal

la cartera

çente

la bolsa de plástico

vexwarinan
las bebidas

av

el agua

şerbet

el jugo

şîr

la leche

komir

la bebida cola

şerab

el vino

bîra

la cerveza

alkol

el alcohol

kakwo

el cacao

çay

el té

qehwe

el café

espresso

el café expreso

kapoçîno

el cappuccino

moz
la banana

sêv
la manzana

pirteqalî
la naranja

gundor
el melón

lîmon
el limón

gêzer
la zanahoria

sîr
el ajo

qamir
el bambú

pîvaz
la cebolla

qarçik
el champiñón

gewîz
las nueces

şihîre
los fideos

spagêttî

los tallarines

birinc

el arroz

selete

la ensalada

çîps

las papas fritas

peteteya biraştî

las papas fritas

pîza

la pizza

hamburger

la hamburguesa

nanok

el sándwich

goştê stûyê berxî

el churrasco

goştê hişkkirî

el jamón

salamê

el salame

sosîs

la salchicha

mirîşk

el pollo

bijartin

el asado

masî

el pescado

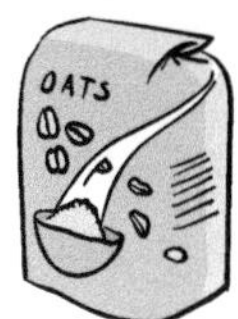

şorbe bilûl

los copos de avena

mûslî

el muesli

kertên gilgilan

los copos de maíz

ard

la harina

croissant

la medialuna

semûn

el pancito

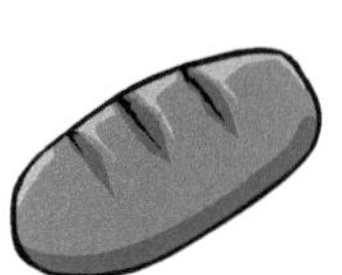

nan

el pan

tost

la tostada

nanik

las galletitas

nivîşk

la manteca

mast

la cuajada

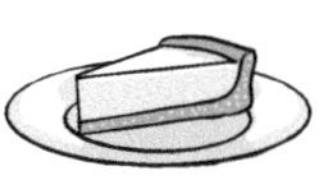

kulîçe

la torta

hêk

el huevo

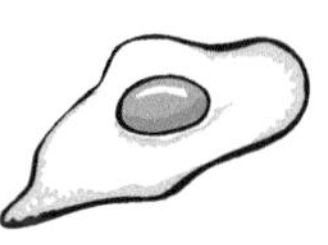

hêka qelandî

el huevo frito

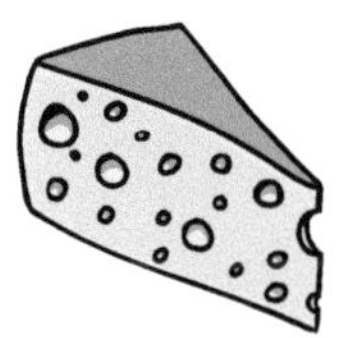

penîr

el queso

dondirme

el helado

şekir

el azúcar

hingiv

la miel

mireba

la mermelada

xameya nougat

la pasta de chocolate

kurrî

el curry

cotgeh
la granja

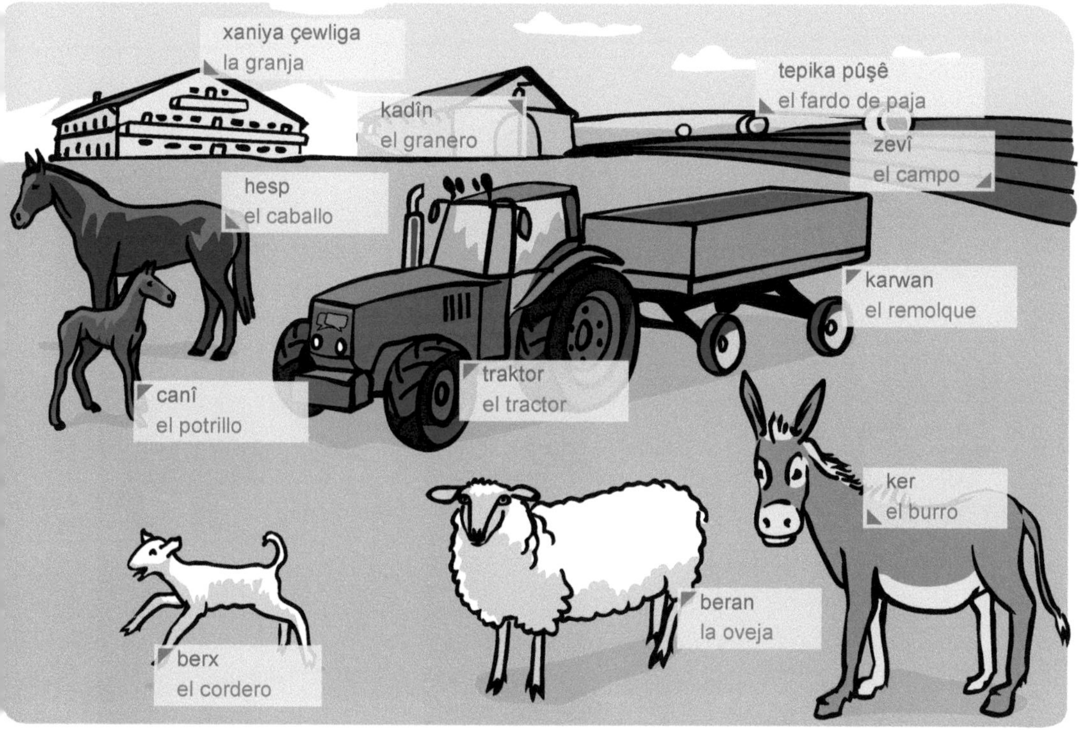

xaniya çewliga
la granja

kadîn
el granero

tepika pûşê
el fardo de paja

zevî
el campo

hesp
el caballo

karwan
el remolque

traktor
el tractor

canî
el potrillo

ker
el burro

beran
la oveja

berx
el cordero

bizin

la cabra

çêlek

la vaca

golik

el ternero

beraz

el cerdo

xinzîrk

el lechón

boxe

el toro

qaz

el ganso

miravî

el pato

cûçik

el pollo

mirîşk

la gallina

keleşêr

el gallo

circ

la rata

kitik

el gato

mişk

el ratón

ga

el buey

kûçik

el perro

xaniya kûçikê

la cucha

xanî baxê

la manguera

qûtîka avdanê

la regadera

şalûk

la guadaña

gasin

el arado

das

la hoz

merbêr

la azada

darsapik

la horquilla

bivir

el hacha

destgere

la carretilla

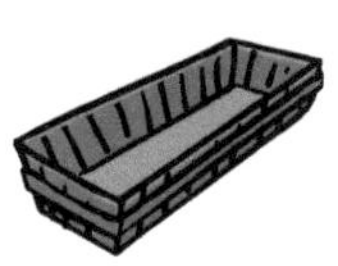

qûtî xwarina candaran

el abrevadero

qûtî şîr

la lechera

tûr

la bolsa

çeper

la reja

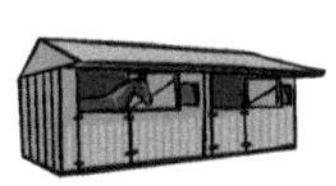

axur

el establo

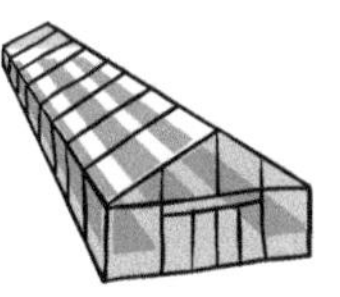

xana kulîlkan

el invernadero

ax

el suelo

dendik

la semilla

peyn

el fertilizador

kombayn

la cosechadora

zad

cosechar

zad

la cosecha

petete

las batatas

genim

el trigo

fasolî

la soja

petete

la papa

dexl

el maíz

dindik

la semilla de colza

darê fêkî

el árbol frutal

sêvê bin erdê

la mandioca

zad

los cereales

xanî

la casa

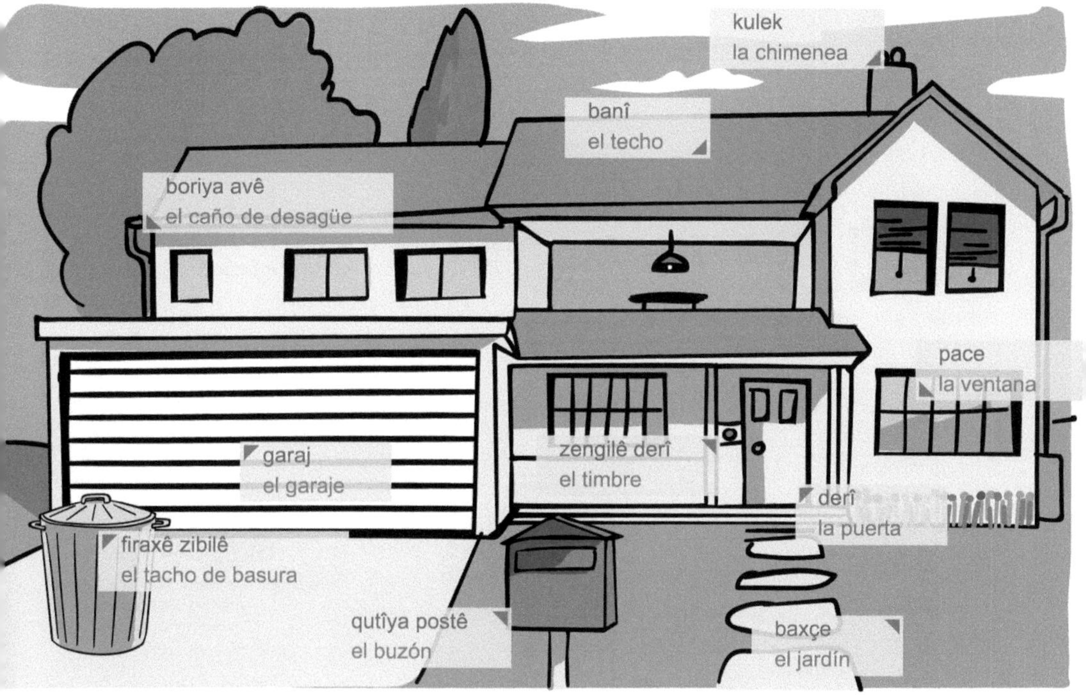

kulek
la chimenea

banî
el techo

boriya avê
el caño de desagüe

pace
la ventana

garaj
el garaje

zengilê derî
el timbre

derî
la puerta

firaxê zibilê
el tacho de basura

qutîya postê
el buzón

baxçe
el jardín

oda rûniştinê

el living

hemam

el baño

metbex

la cocina

oda xewê

el dormitorio

odeya zarok

el cuarto de los chicos

oda şîvê

el comedor

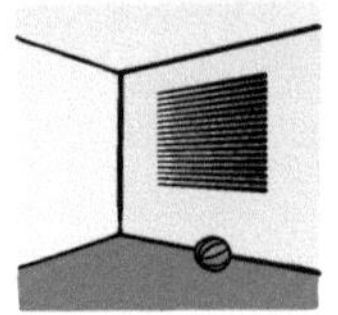

binî

el piso

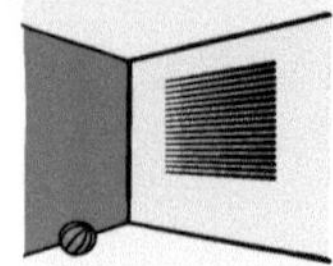

dîwar

la pared

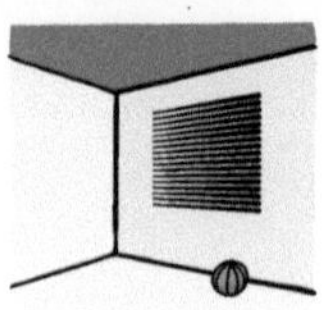

berban

el cielorraso

xenzik

el sótano

sauna

el sauna

balkon

el balcón

berdanik

la terraza

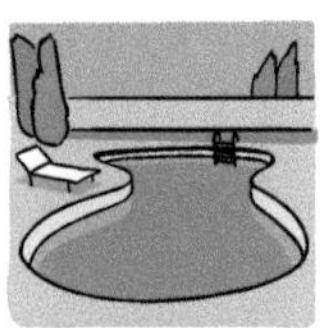

hewza melevanî

la pileta

çîmen birr

la cortadora de pasto

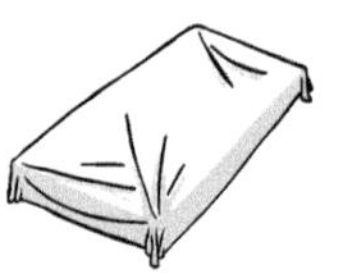

melhefe

la sábana

betanî

el acolchado

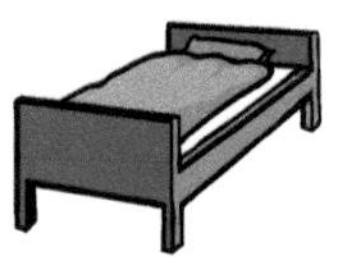

nivîn

la cama

gezik

la escoba

satil

el balde

kilîl

el interruptor

oda rûniştinê
el living

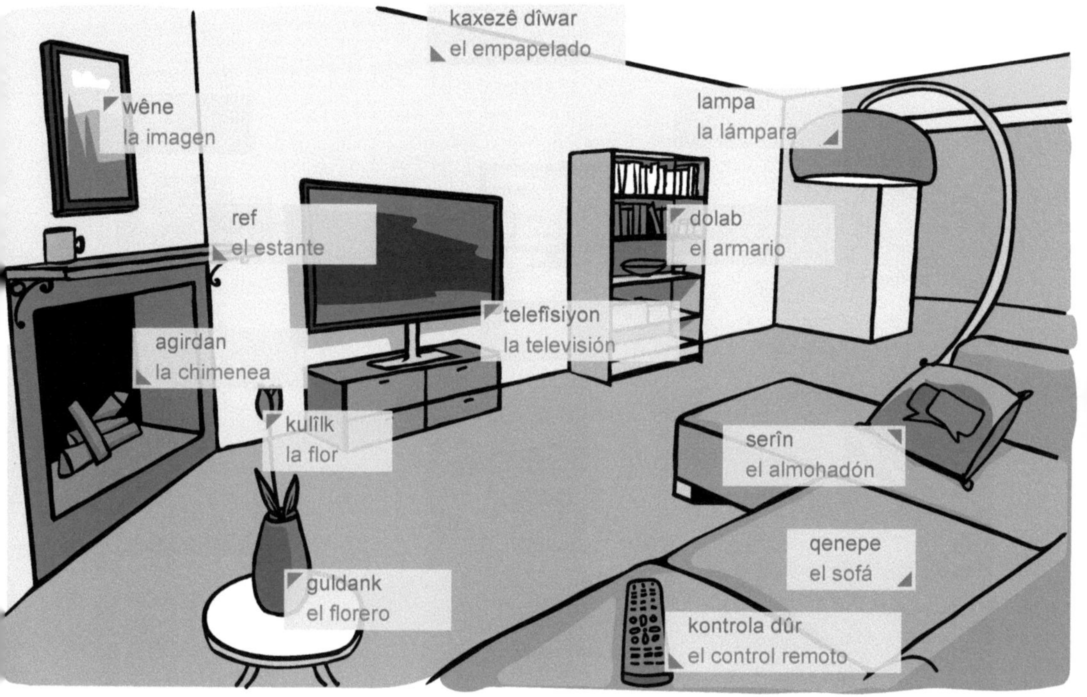

kaxezê dîwar
el empapelado

wêne
la imagen

lampa
la lámpara

ref
el estante

dolab
el armario

telefîsiyon
la televisión

agirdan
la chimenea

kulîlk
la flor

serîn
el almohadón

qenepe
el sofá

guldank
el florero

kontrola dûr
el control remoto

xalîçe

la alfombra

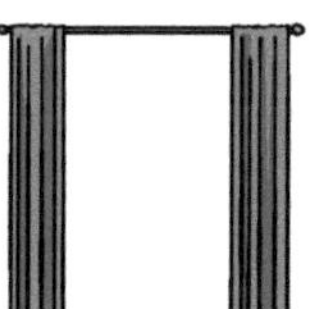

perde

la cortina

mêz

la mesa

kursî

la silla

kursiya hejanok

la mecedora

kursî

el sillón

pirtûk

el libro

betanî

la frazada

xemilandin

la decoración

êzing

la leña

fîlm

la película

hi-fi

el equipo de música

kilîl

la llave

rojname

el diario

nîgar

la pintura

poster

el póster

radyo

la radio

defter

el cuaderno

sivnika elektrîkî

la aspiradora

kaktûs

el cactus

mom

la vela

metbex
la cocina

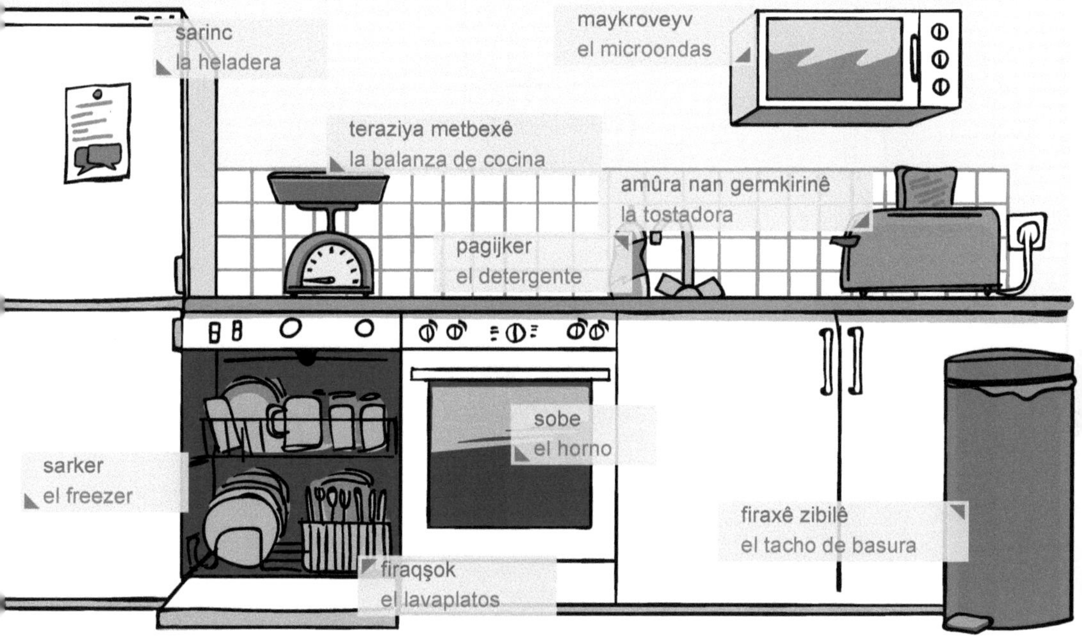

sarinc
la heladera

maykroveyv
el microondas

teraziya metbexê
la balanza de cocina

amûra nan germkirinê
la tostadora

pagijker
el detergente

sobe
el horno

sarker
el freezer

firaxê zibilê
el tacho de basura

firaqşok
el lavaplatos

sobe
....
la cocina

aman
....
la olla

amaê ûtû
....
la olla de hierro fundido

firaqê mezin
....
el wok

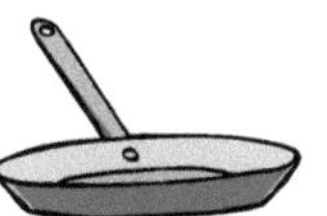

dîzik

la sartén

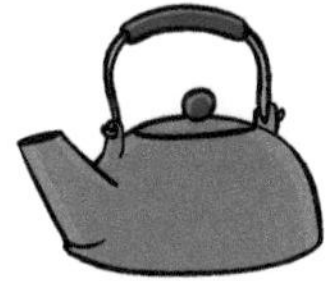

kelînk
....
la pava

firaqê hilmê

la vaporera

sênî nanê

la bandeja de horno

firaq

la vajilla

piyale

la taza

kasik

el bol

darê nanxwarin

los palitos

hesk

el cucharón

kevçiya mezin

la espátula

rînek

la batidora

kefgîr

el colador

bêjing

el colador

rêşker

el rallador

destar

el mortero

biraştin

la parrilla

agirê vala

la fogata

texteya birrînê

la tabla de picar

darikê tîrê

el palo de amasar

devik badek

el sacacorchos

qûtî

la lata

qûtîvekir

el abrelatas

cawê amanan

la manopla

destşo

la pileta

firçe

el cepillo

parazoa

la esponja

tevdêr

la batidora

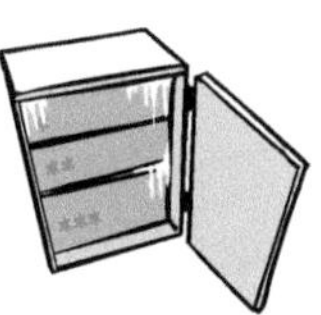

sarkerê cemedî

el congelador

şûşe bebikan

la mamadera

henefî

la canilla

hemam

el baño

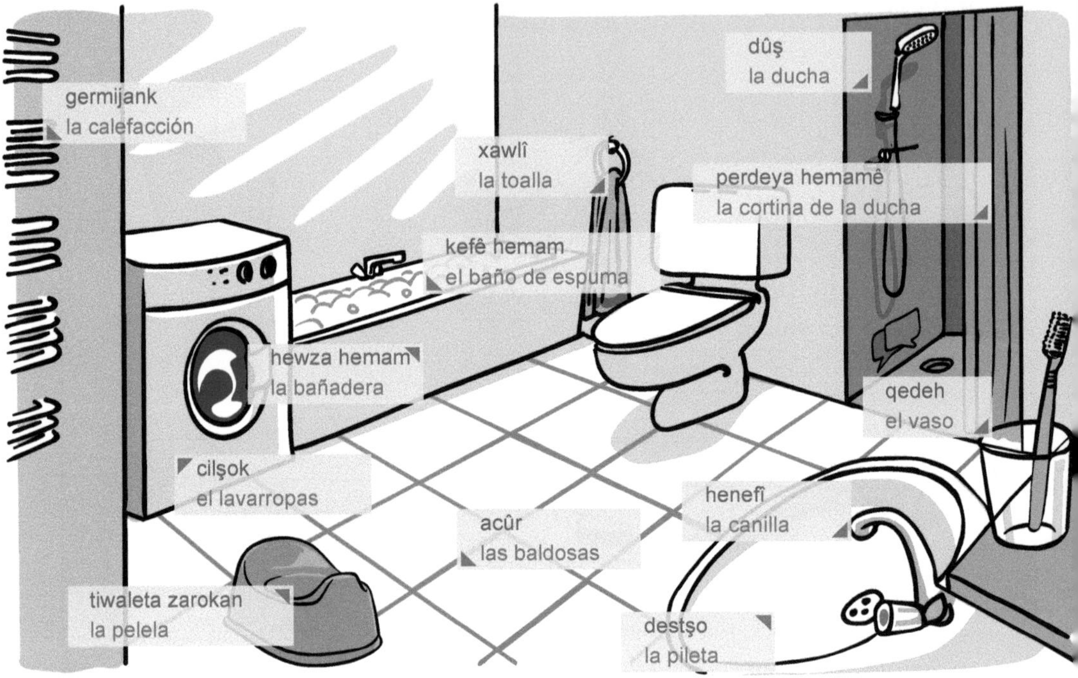

germijank
la calefacción

xawlî
la toalla

dûş
la ducha

perdeya hemamê
la cortina de la ducha

kefê hemam
el baño de espuma

hewza hemam
la bañadera

qedeh
el vaso

cilşok
el lavarropas

henefî
la canilla

acûr
las baldosas

tiwaleta zarokan
la pelela

destşo
la pileta

tiwalet
el inodoro

tiwaleta erdê
la letrina

tiwalet
el bidé

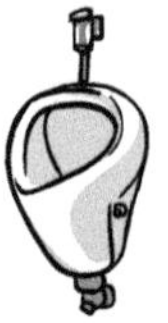

avdestxana mêran
el mingitorio

kaxeza tiwalet
el papel higiénico

firşeya tiwalet
el cepillo para el inodoro

firçeya diran

el cepillo de dientes

mecûna diran

el dentífrico

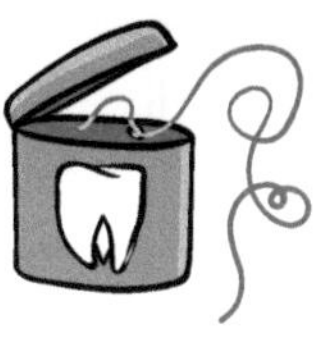

nexa didan

el hilo dental

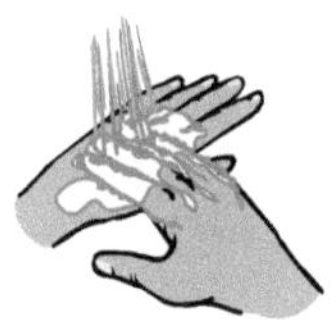

şûştin

lavar

dûşê destê

la ducha de mano

dûş

la ducha higiénica

destşo

la palangana

firça pişt

el cepillo para la espalda

sabûn

el jabón

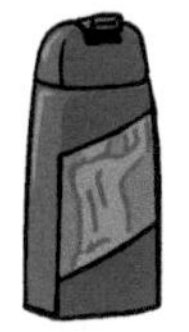

cêlê hemam

el gel de ducha

şampo

el shampoo

fanîle

la toallita

zêrab

el desagüe

kirêm

la crema

bêhn xweşkir

el desodorante

mirêk

el espejo

mirêka destê

el espejito

gûzan

la maquinita de afeitar

kefê teraşînê

la espuma de afeitar

mecûna piştî teraşînê

el aftershave

şeh

el peine

firçe

el cepillo

por hîşikkir

el secador de pelo

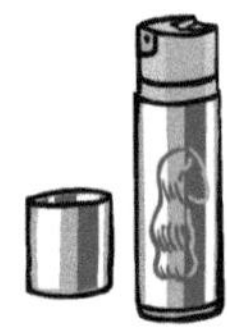

sipraya porê

el spray

kozmetîk

el maquillaje

soravk

el lápiz de labios

rengê nînok

el esmalte para uñas

pembû

el algodón

meqesta nînok

la tijera para uñas

parfûm

el perfume

çewalê hemamê

el portacosméticos

kursiya bêpişt

la banqueta

terazî

la balanza

kinca hemamê

la bata

lepika lastîkê

los guantes de goma

tampon

el tampón

xawliya paqijkirinê

la toallita femenina

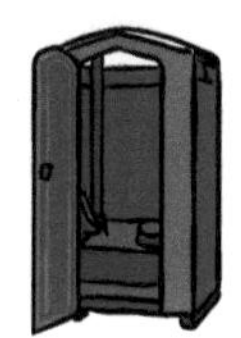

tiwaleta kîmîyewî

el baño químico

odeya zarok

el cuarto de los chicos

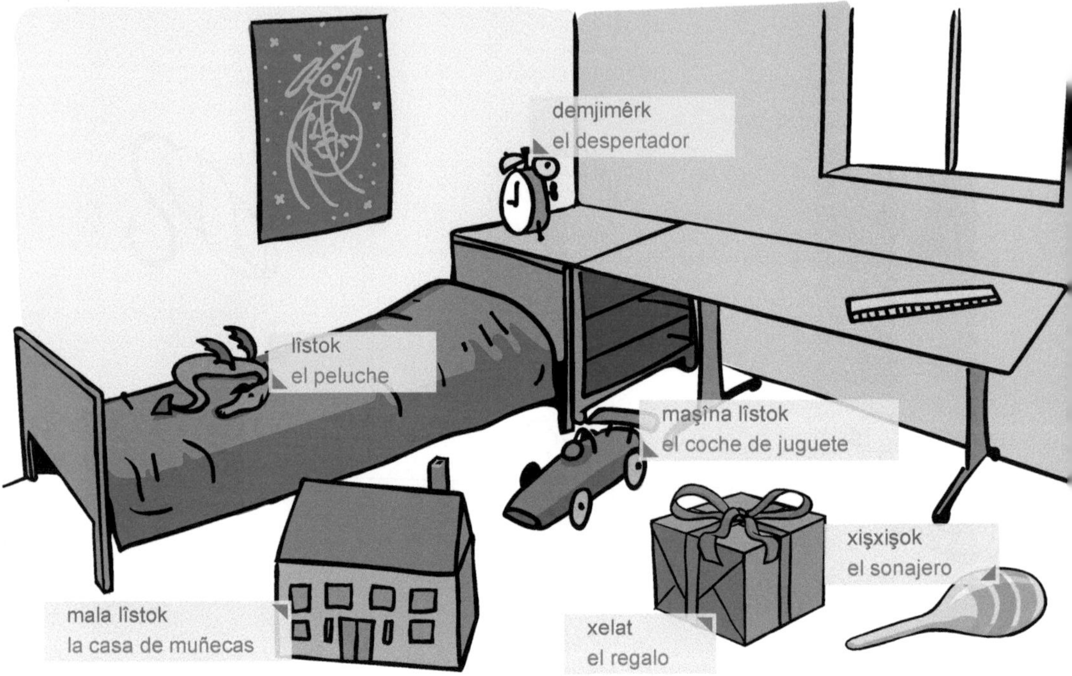

demjimêrk
el despertador
lîstok
el peluche
maşîna lîstok
el coche de juguete
xişxişok
el sonajero
mala lîstok
la casa de muñecas
xelat
el regalo

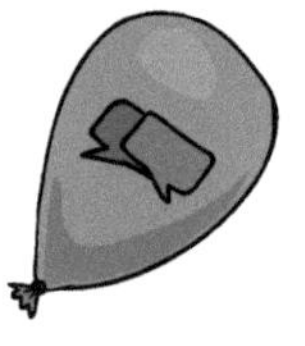

pifdank
el globo

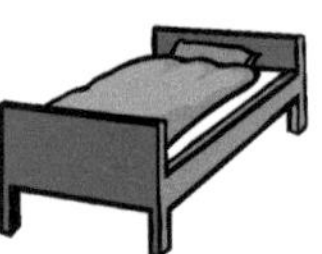

nivîn
la cama

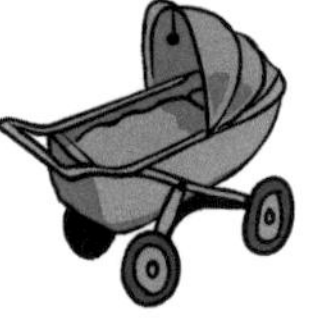

koçk
el cochecito

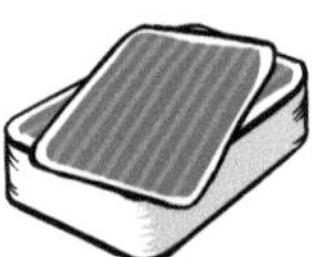

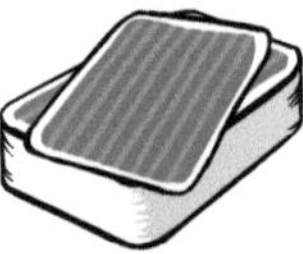

lîstika kartê
las cartas

frîzbî
el rompecabezas

SUPER
MEGA

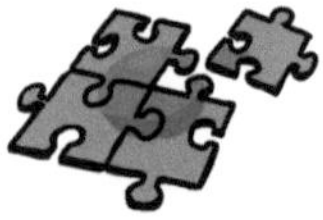

komîk
la historieta

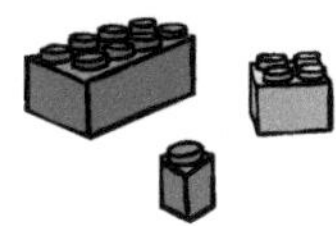

acûra lêgo

las piezas de lego

acûra lîstok

los ladrillos de juguete

bûke şûşe

la figura de acción

kinca bebikan

el enterito (de bebé)

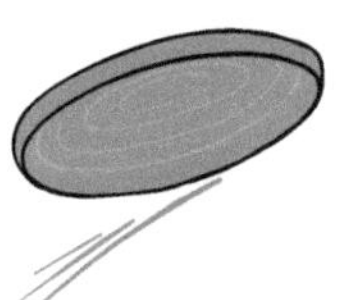

frizbee

el frisbee

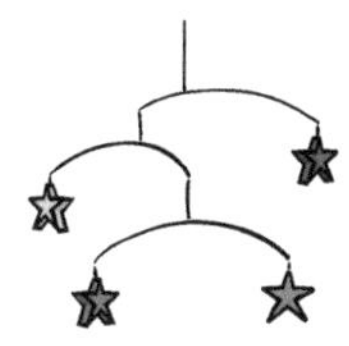

veguhestin

el móvil para bebés

lîstikên texte

el juego de mesa

mor

los dados

modêla trênê

el tren eléctrico

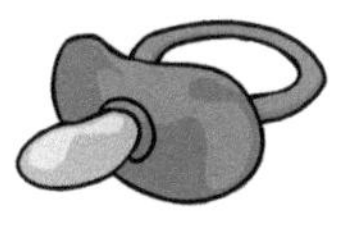

memik

el chupete

cejn

la fiesta

kitêba wêne

el libro de cuentos ilustrado

top

la pelota

bûke şûşe

la muñeca

leyîstin

jugar

kuna xîzê

el arenero

colane

la hamaca

lîstokan

los juguetes

lîstika vîdeoyî

la consola de videojuegos

sêçerxe

el triciclo

hirça lîstok

el osito de peluche

cildank

el armario

kinc

la ropa

gore

las medias

gore

las medias panty

derpêgorê

las calzas

şal
la bufanda

çetir
el paraguas

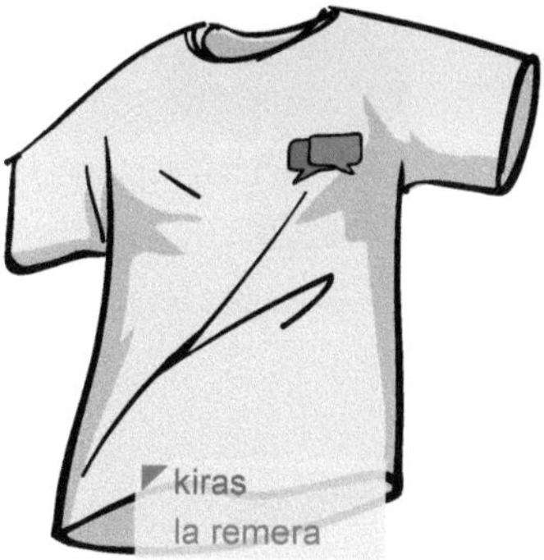

kiras
la remera

qayiş
el cinturón

şekal
las botas

pêlavê nav malê
las pantuflas

pêlav
las zapatillas

solik
las sandalias

sol
los zapatos

potîna çermê
las botas de goma

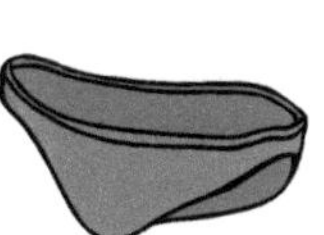

pantolê jêr
la ropa interior

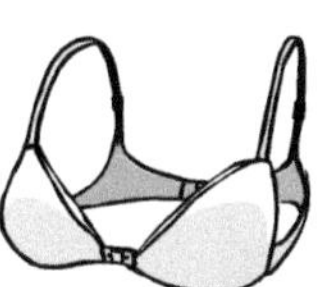

pêsîrbend
el corpiño

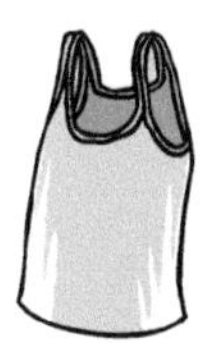

çekbend
el chaleco

cendek

el body

pantol

los pantalones

jeans

los jeans

daman

la pollera

kiras

la blusa

kiras

la camisa

fanêle

el pulóver

fanêle

el buzo

cakêt

el blazer

sako

la campera

çaket

el tapado

baranî

el piloto

lebas

el traje

fîstan

el vestido

cilê dawetê

el vestido de novia

kostum

el traje

pêcame

el camisón

pêcame

el pijama

saree

el sari

leçik

el pañuelo para la cabeza

mêzer

el turbante

hêram

la burka

kaftan

el caftán

eba

la abaya

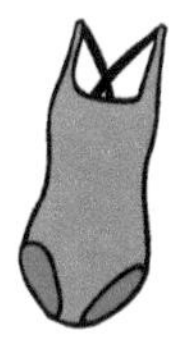

kinca ajnêkirin

el traje de baño

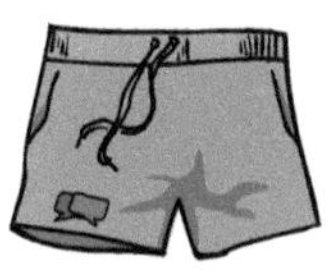

cilka melevanî

el short de baño

şort

los shorts

cila hêvojkarî

el jogging

pêşmal

el delantal

lepik

los guantes

dûgme

el botón

berçavik

los anteojos

bazin

la pulsera

gerdenî

el collar

gustîl

el anillo

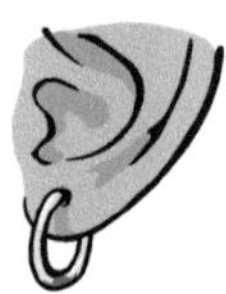

guhark

el aro

devik

la gorra

hilavistek

la percha

kûm

el sombrero

kirawat

la corbata

zîp

el cierre

serparêz

el casco

derzî

los tiradores

kinca dibistanê

el uniforme escolar

yûnîform

el uniforme

berdilk

el babero

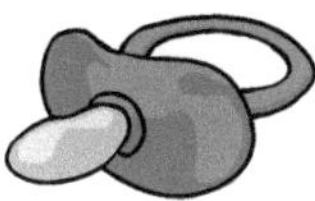

memik

el chupete

pundax

el pañal

ofîs
la oficina

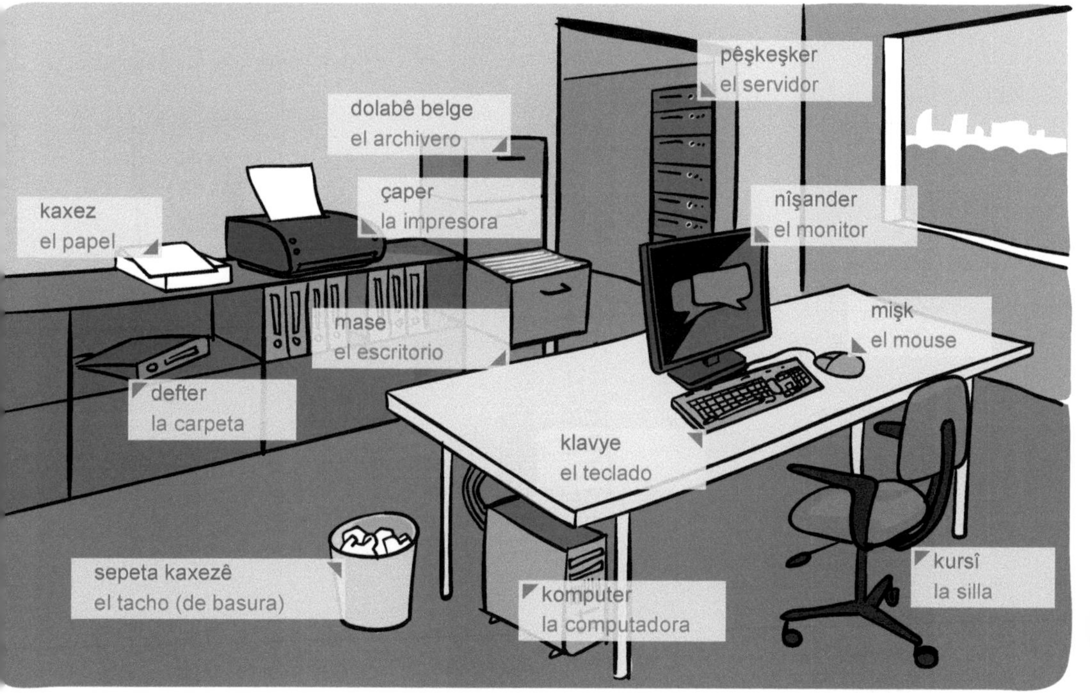

pêşkeşker
el servidor

dolabê belge
el archivero

kaxez
el papel

çaper
la impresora

nîşander
el monitor

mişk
el mouse

mase
el escritorio

defter
la carpeta

klavye
el teclado

sepeta kaxezê
el tacho (de basura)

komputer
la computadora

kursî
la silla

kasika qehwe

la taza de café

hesabker

la calculadora

înternet

el internet

komputera laptop

la laptop

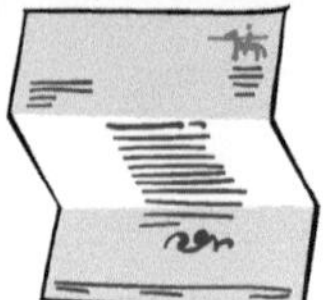

name

la carta

peyam

el mensaje

telefona mobîl

el celular

tor

la red

mekîna fotokopî

la fotocopiadora

software

el software

telefon

el teléfono

socketa fîşek

el tomacorriente

mekîna faxê

el fax

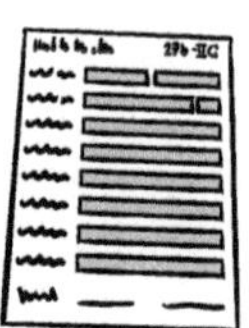

form

el formulario

belge

el documento

aborî
la economía

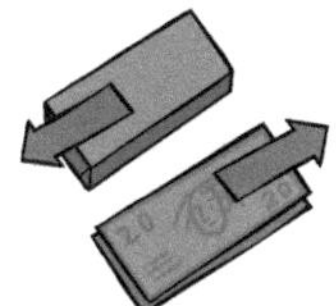

standin

comprar

pere dan

pagar

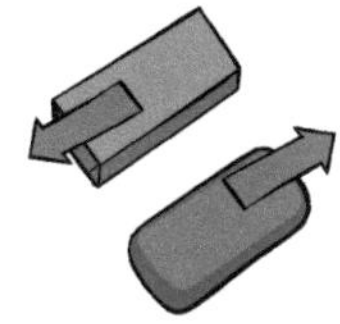

bazirganî

hacer negocios

pere

el dinero

dollar

el dólar

yoro

el euro

yenê Japonê

el yen

roblê Rûsî

el rublo

firankê Swîsê

el franco suizo

yuanê Çînê

el yuan

rûpee Hindî

la rupia

mekîna jixwebera dirav

el cajero automático

ofîsa pere veguhartinê

la casa de cambio

zêrr

el oro

zîv

la plata

neft

el petróleo

wize

la energía

biha

el precio

peyman

el contrato

tax

el impuesto

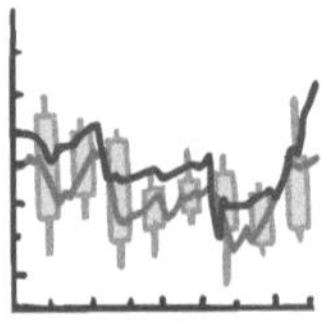

seham

la acción

karkirin

trabajar

karker

el empleado

karda

el empleador

fabrîka

la fábrica

dikan

el negocio

profesyon
las ocupaciones

polîs
el policía

agirkuj
el bombero

aşbaz
el cocinero

bijîşk
el médico

firokevan
el piloto

baxçevan
....
el jardinero

necar
....
el carpintero

dirûnvan
....
la modista

hakim
....
el juez

şîmyazan
....
el farmacéutico

şanoger
....
el actor

şufêrê basê

el colectivero

şufêrekî taksiyê

el taxista

masîvan

el pescador

pagijker

la mucama

çêkirê banî

el techista

berkar

el mozo

nêçirvan

el cazador

rengrês

el pintor

nanpêj

el panadero

karebavan

el electricista

avaker

el albañil

endezyar

el ingeniero

qesab

el carnicero

lûlekar

el plomero

postevan

el cartero

esker

el soldado

mîmar

el arquitecto

diravgir

el cajero

firotkara çîçekan

el florista

porçêker

el peluquero

ajovan

el cobrador

mekanîk

el mecánico

keştîvan

el capitán

pizîşka didanan

el dentista

zanistyar

el científico

rûhan

el rabino

îmam

el imán

keşe

el monje

keşîş

el sacerdote

amûran

las herramientas

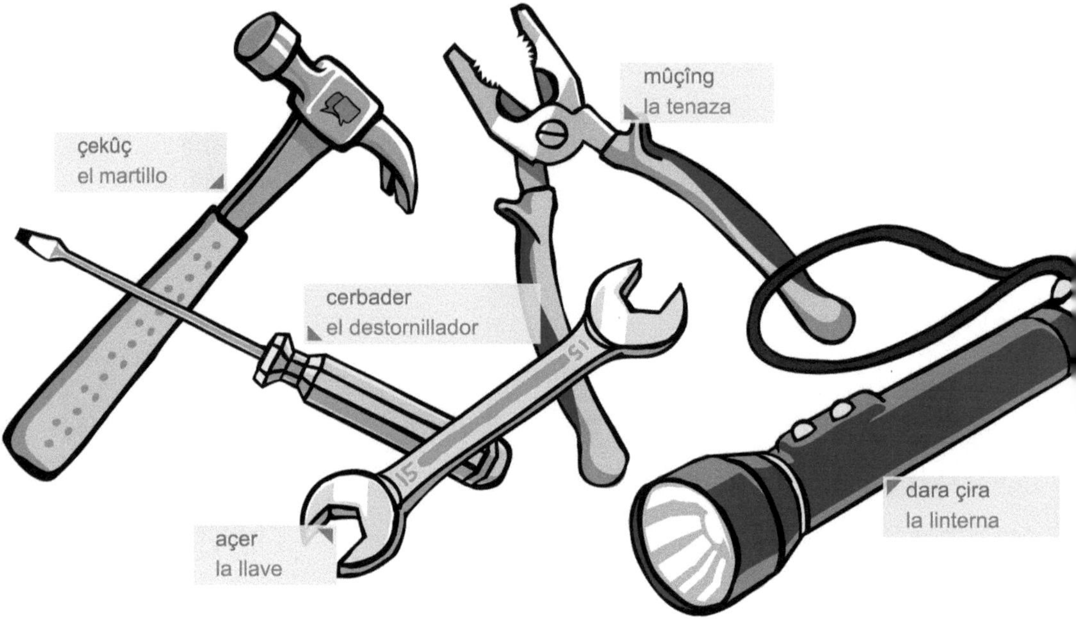

çekûç
el martillo

mûçîng
la tenaza

cerbader
el destornillador

açer
la llave

dara çira
la linterna

şofel

la excavadora

qûtiya amûran

la caja de herramientas

peyje

la escalera portátil

mişar

la sierra

mîx

los clavos

qulkirin

el taladro

çêkirin

arreglar

merbêr

la pala de jardín

nalet!

¡Qué bronca!

bêl

la pala de plástico

qûtiya rengê

el tacho de pintura

cerr

los tornillos

amûrên mûzîkê
los instrumentos musicales

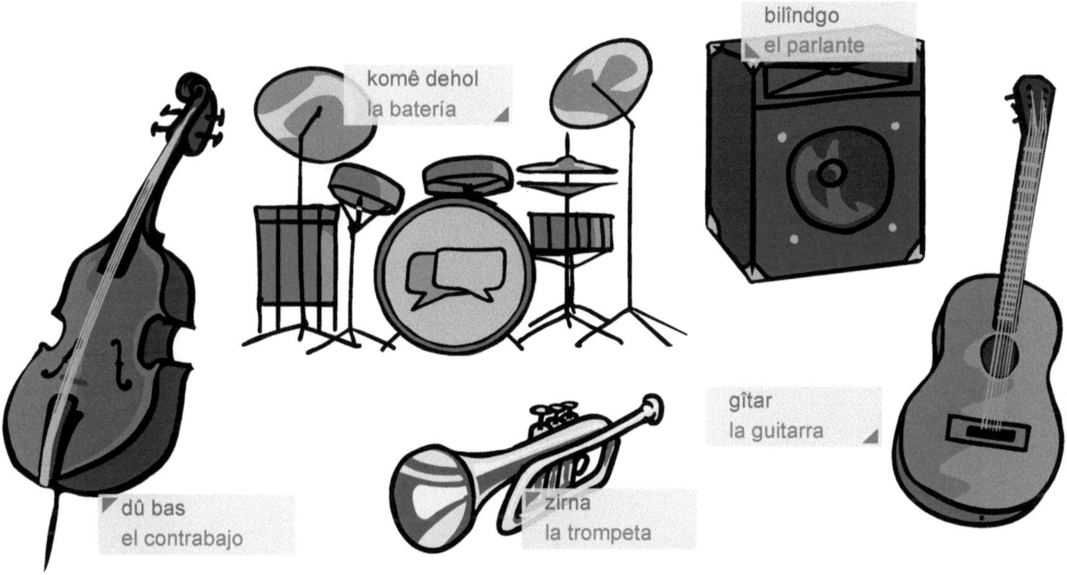

bilîndgo
el parlante

komê dehol
la batería

gîtar
la guitarra

dû bas
el contrabajo

zirna
la trompeta

piyano

el piano

viyolîn

el violín

bas

el bajo

dehol

los timbales

dahol

el tambor

keyboard

el teclado

saksofon

el saxofón

bilûr

la flauta

mîkrofon

el micrófono

baxça heywanan
el zoológico

navder
la entrada

piling
el tigre

qefes
la jaula

kerê çiya
la cebra

xwarina heywan
el alimento para animales

panda
el oso panda

heywan

los animales

fîl

el elefante

kangarû

el canguro

kerkeden

el rinoceronte

gorîl

el gorila

hirç

el oso

hêştir

el camello

hêştirme

el avestruz

şêr

el león

meymûn

el mono

flamîngo

el flamenco

papaxan

el loro

hirça cemserî

el oso polar

penguîn

el pingüino

semasî

el tiburón

tawûs

el pavo real

mar

la serpiente

timsah

el cocodrilo

parêzera baxça ajalan

el cuidador del zoológico

seya derya

la foca

piling

el jaguar

hesp

el poni

piling

el leopardo

hespê rûbar

el hipopótamo

canhêştir

la jirafa

helo

el águila

berazê kovî

el jabalí

masî

el pescado

kûsî

la tortuga

walras

la morsa

rovî

el zorro

xezal

la gacela

werziş

los deportes

çalakiyan
las actividades

kenîn
reír

hilpeke
saltar

hembêz
abrazar

birêveçûn
caminar

lawje gutin
cantar

xewn dîtin
soñar

nimêj kirin
rezar

maçkirin
besar

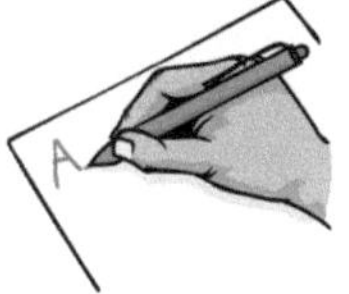

nivîsandin
escribir

nîgar kêşan
dibujar

nîşan dan
mostrar

paldan
presionar

dayîn
dar

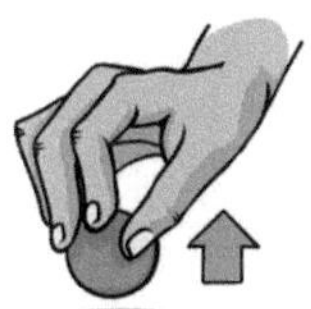

rakirin
tomar

heyîn

tener

kirin

hacer

bûn

ser

sekinîn

estar parado

bazdan

correr

kişandin

tirar

avêtin

tirar

ketin

caer

derew kirin

estar acostado

sekinîn

esperar

guhêztin

llevar

rûniştin

estar sentado

cil berkirin

vestirse

razan

dormir

rabûn

despertar

mêze kirin

mirar

girîn

llorar

celte

acariciar

şe kirin

peinar

peyvîn

hablar

famkirin

entender

pirskirin

preguntar

bihîstin

escuchar

vexwarin

beber

xwarin

comer

kom kirin

ordenar

hezkirin

amar

xwarin çêkirin

cocinar

ajotin

manejar

firrîn

volar

kesştîvanî

navegar

hesibandin

calcular

xwandin

leer

hînbûn

aprender

karkirin

trabajar

zewicîn

casarse

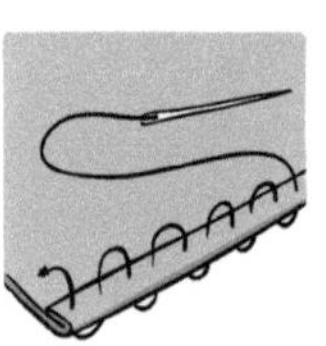

dirûtin

coser

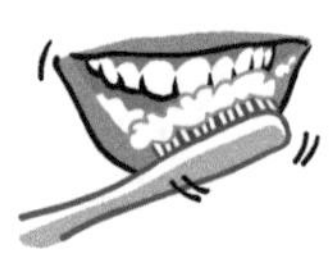

didan şûtin

cepillarse los dientes

kuştin

matar

dûxan

fumar

şandin

enviar

malbat
la familia

dapîr
la abuela

bapîr
el abuelo

bav
el padre

dê
la madre

bebek
el bebé

keç
la hija

kur
el hijo

mêvan

el invitado

met

la tía

ap/xal

el tío

bira

el hermano

xwişl

la hermana

beden

el cuerpo

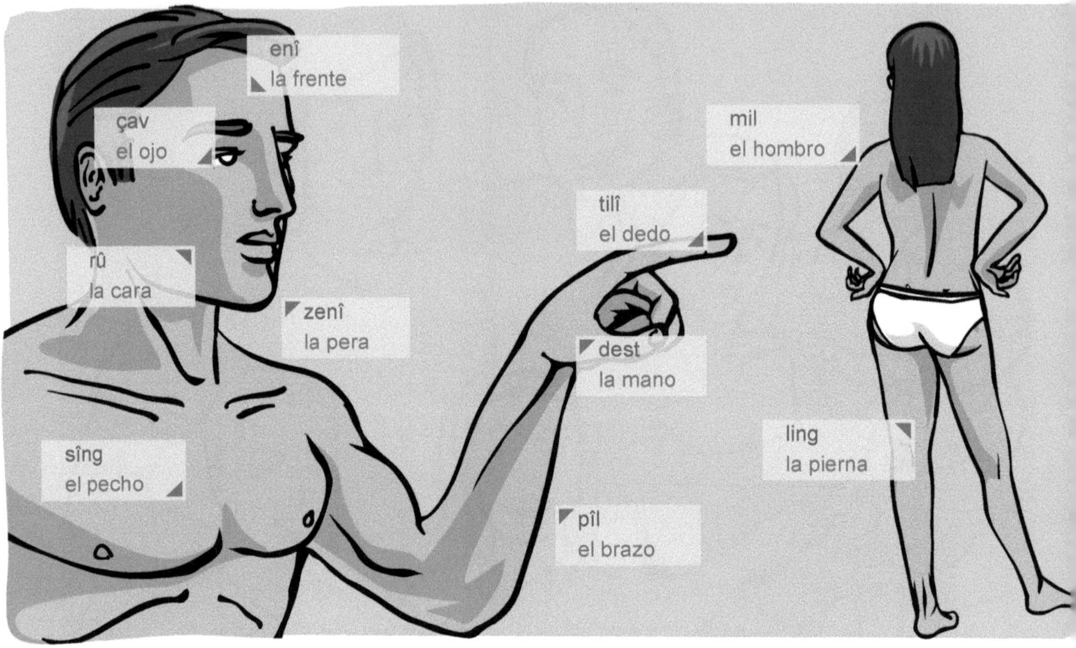

enî
la frente

çav
el ojo

mil
el hombro

tilî
el dedo

rû
la cara

zenî
la pera

dest
la mano

ling
la pierna

sîng
el pecho

pîl
el brazo

bebek

el bebé

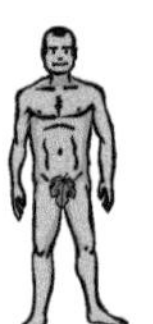

mêr

el hombre

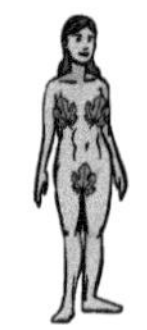

jin

la mujer

keç

la nena

kor

el nene

ser

la cabeza

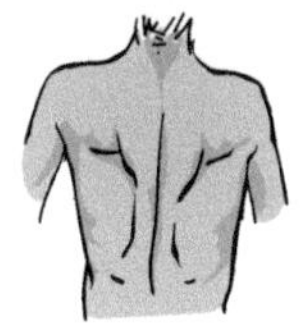

pişt

la espalda

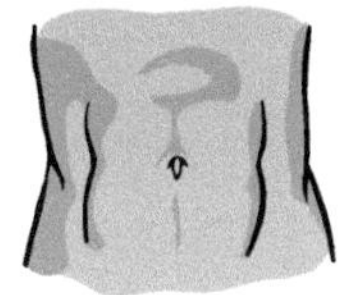

zik

la panza

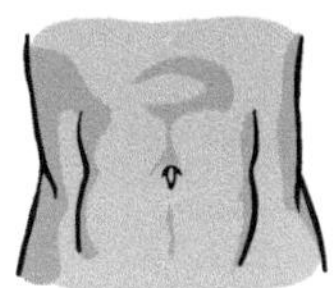

navik

el ombligo

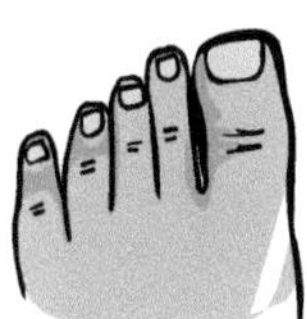

tilîya pê

el dedo del pie

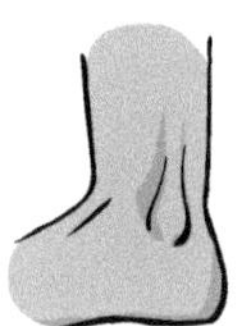

panî

el talón

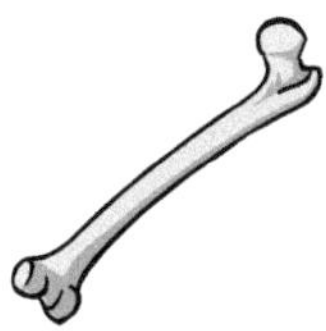

hestî

el hueso

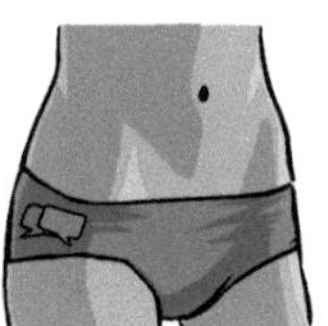

kûlîmek

la cadera

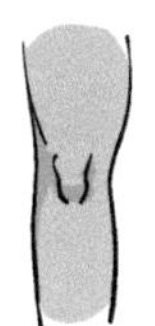

jûnî

la rodilla

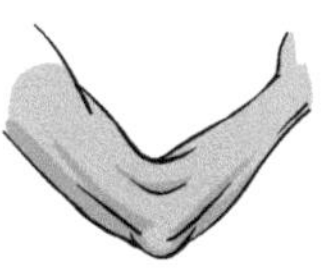

enîşk

el codo

difn

la nariz

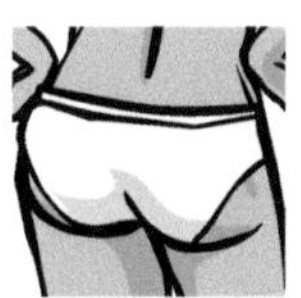

qûn

la cola

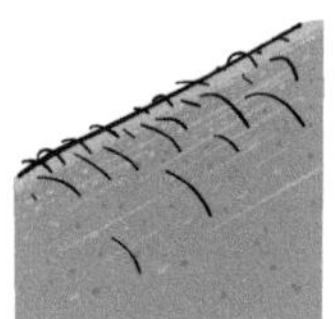

çerm

la piel

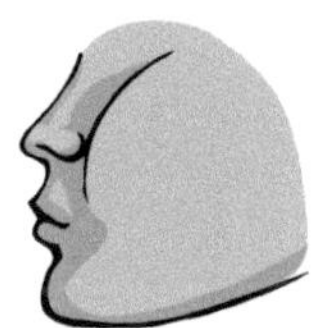

rû

el cachete

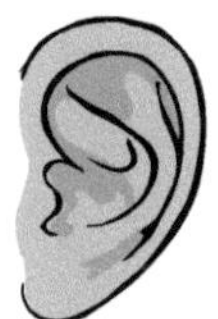

gûh

la oreja

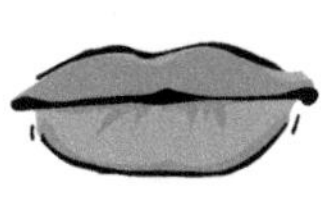

lêv

el labio

dev

la boca

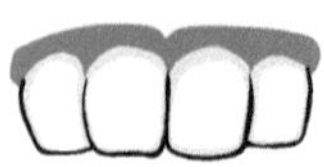

diran

el diente

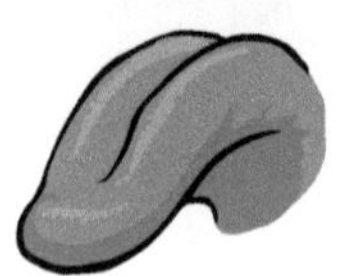

ziman

la lengua

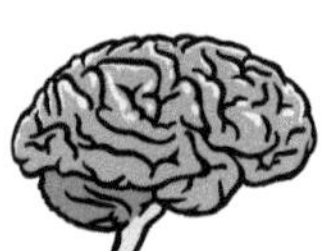

mêjî

el cerebro

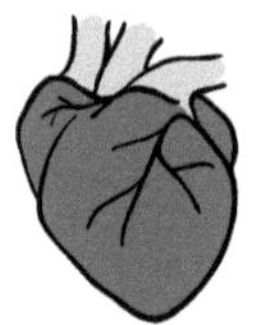

dil

el corazón

masûl

el músculo

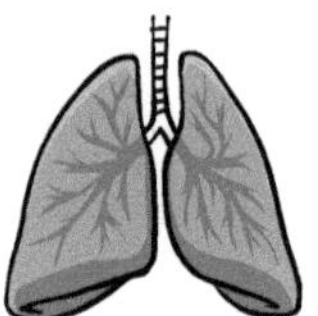

cîgera spî

el pulmón

ceger

el hígado

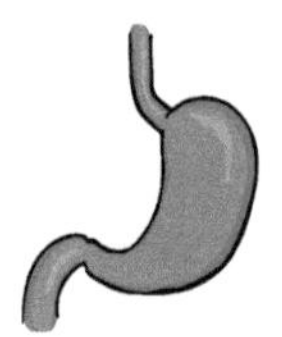

made

el estómago

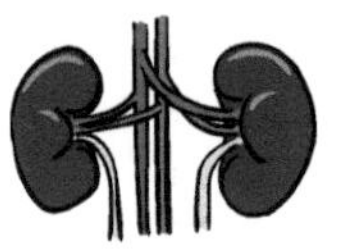

gûrçikan

los riñones

cotbûn

el sexo

kondom

el preservativo

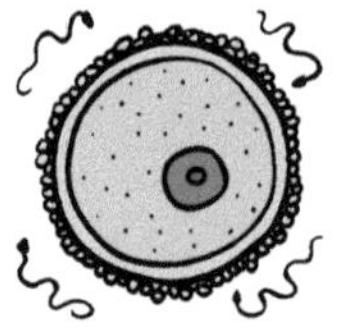

hêk

el óvulo

tov

el semen

dûcanî

el embarazo

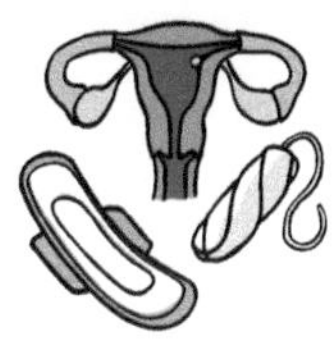

ade

la menstruación

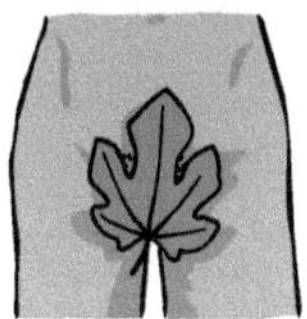

qûz

la vagina

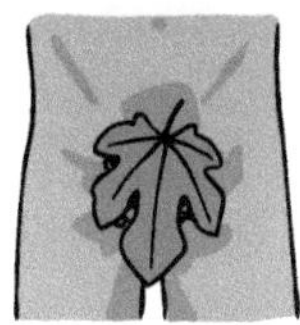

kîr

el pene

birû

la ceja

por

el pelo

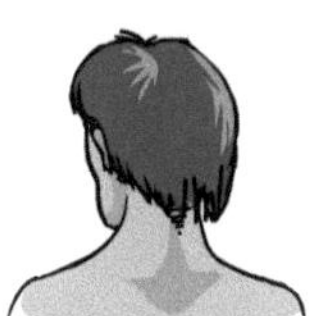

hûstû

el cuello

nexweşxane
el hospital

nexweşxane
el hospital

ereba nexweşan
la ambulancia

ereboka kûllekan
la silla de ruedas

şikeste
la fractura

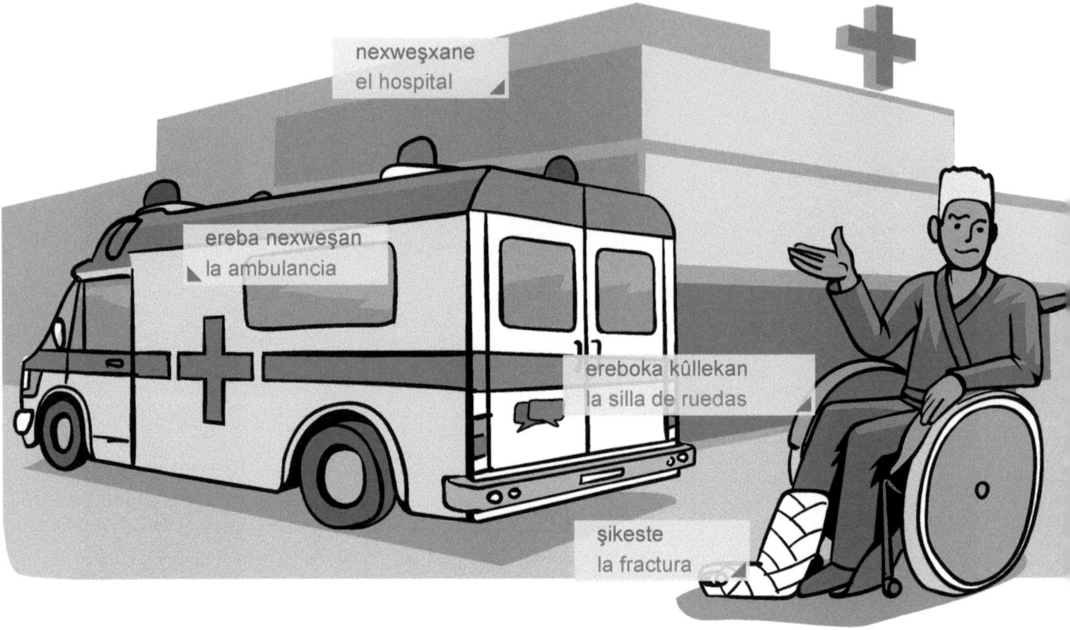

bijîşk
el médico

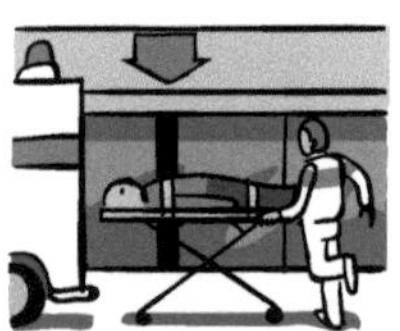

oda lezgînê
la sala de guardia

nexweşyar
la enfermera

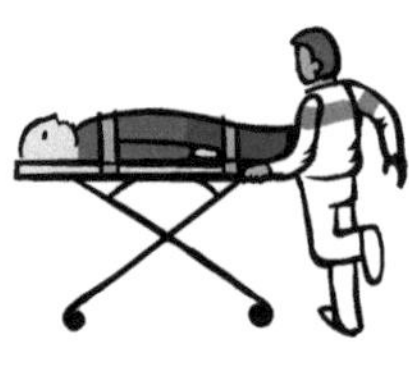

acîlîyet
la emergencia

bêhay
inconsciente

êş
el dolor

birîn

la lesión

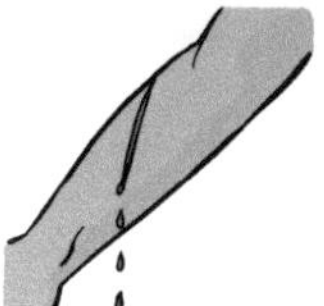

xwînpijan

la hemorragia

hêrişa dilî

el infarto

celte

el ACV

alerjî

la alergia

kuxik

la tos

ta

la fiebre

zikam

la gripe

navçûyin

la diarrea

serêş

el dolor de cabeza

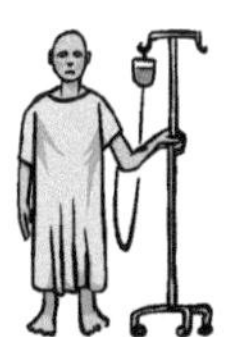

qansêr

el cáncer

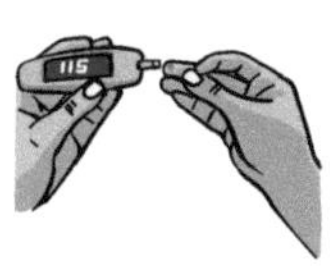

nexweşiya şekirê

la diabetes

emelîkar

el cirujano

skalpêl

el bisturí

emelî

la operación

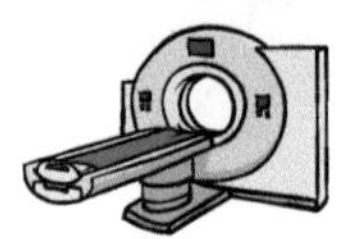

CT

la TC

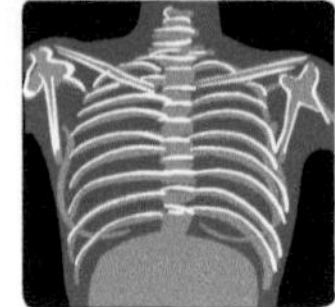

sûretê rontgên

los rayos x

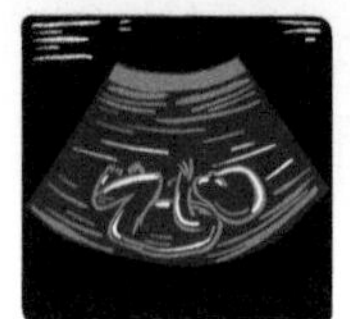

ûltrasawnd

la ecografía

maskê rûyê

el barbijo

nexweşî

la enfermedad

oda sekinînê

la sala de espera

goçan

la muleta

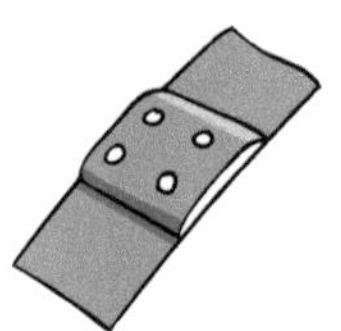

şêl

la curita

paçê birînpêçanê

la venda

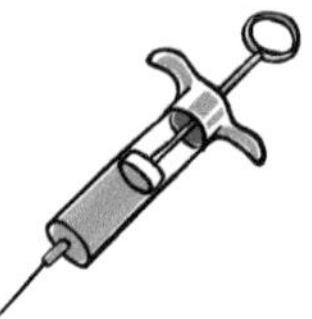

derzî

la inyección

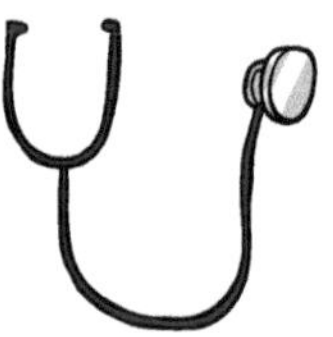

bîstoka pizîşkî

el estetoscopio

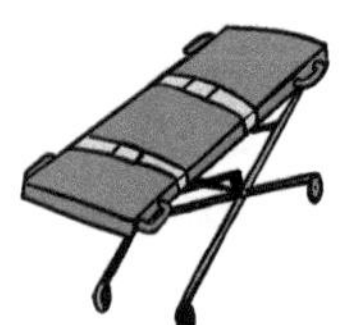

darbest

la camilla

têhnpîva klînîkê

el termómetro

zayîn

el nacimiento

qelew

el sobrepeso

alîkariya bihîstinê

el audífono

bakterîkuj

el desinfectante

kotîbûn

la infección

vîrûs

el virus

HIV / AIDS

el VIH / SIDA

derman

el remedio

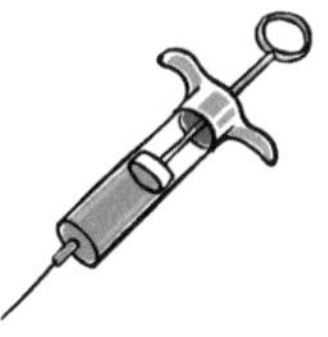

kutan

la vacunación

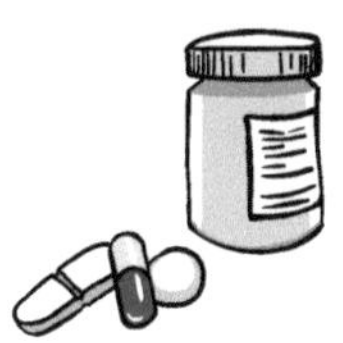

heban

los comprimidos

heb

la pastilla anticonceptiva

lezgîn

la llamada de emergencia

dîmenderê pesto xwîn

el tensiómetro

nexweş / sax

enfermo / sano

acîlîyet

la emergencia

Hewar!

¡Ayuda!

alarm

la alarma

êrîş

la agresión

êrîşkirin

el ataque

talûk

el peligro

derketina acil

la salida de emergencia

agir!

¡Fuego!

agir vemirandinê

el matafuego

qeza

el accidente

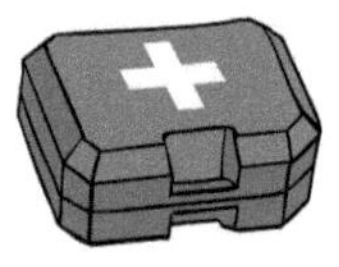

aletên alîkariya yekem

el botiquín de primeros auxilios

SOS

el SOS

polîs

la policía

erd
la Tierra

Ewropa
Europa

Amerîkaya Bakûr
América del Norte

Amerîkaya Başûr
América del Sur

Afrîka
África

Asya
Asia

Awustralya
Australia

Atlantîk
el Atlántico

Okyanûsa Mezin
el Pacífico

Okyanûsa Hindî
el Océano Índico

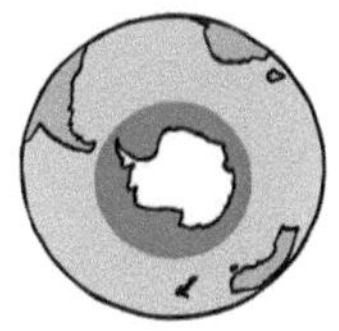

Okyanûsa Antarktîka
el Océano Antártico

Okyanûsa Arktîk
el Océano Ártico

Cemsera Bakûr
el polo norte

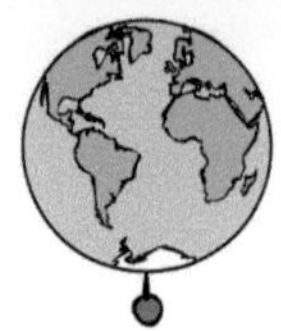

Cemsera Başûr

el polo sur

Antarktîka

la Antártida

erd

la Tierra

ax

la tierra

behir

el mar

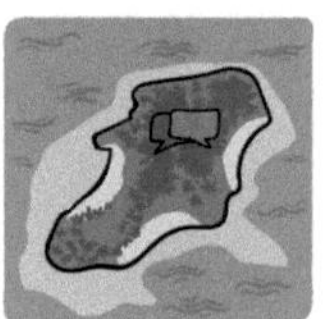

dûrge

la isla

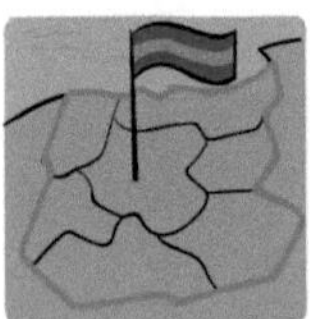

milllet

la nación

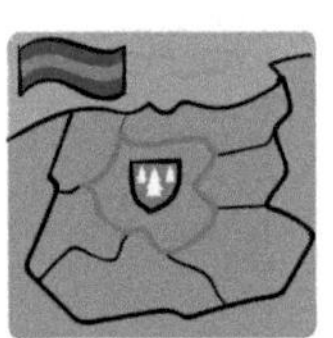

welat

el estado

rûyê saet

la esfera

nişanderka demjimêr

la manecilla de las horas

nişanderka deqe

el minutero

nişanderka saniye

el segundero

Seet çende?

¿Qué hora es?

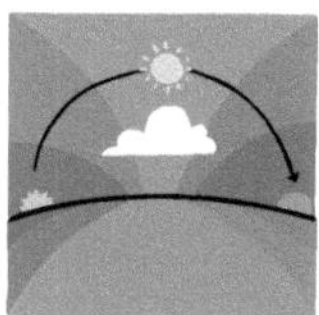

roj

el día

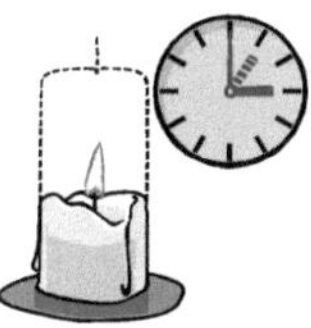

dem

la hora

niha

ahora

saetê dicîtal

el reloj digital

deqe

el minuto

seet

la hora

hefte

la semana

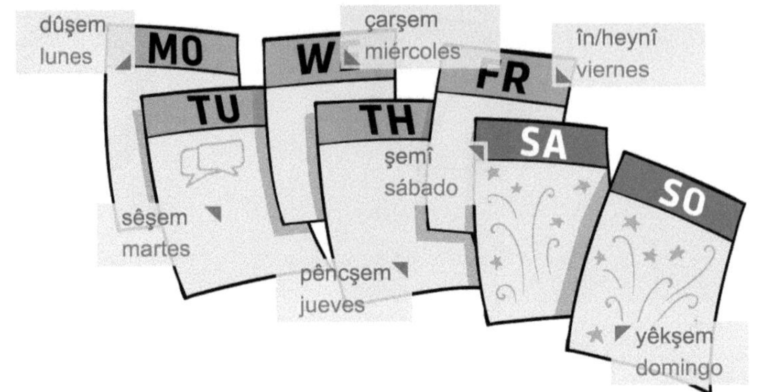

duh

ayer

îro

hoy

sibey

mañana

sibe

la mañana

nîvro

el mediodía

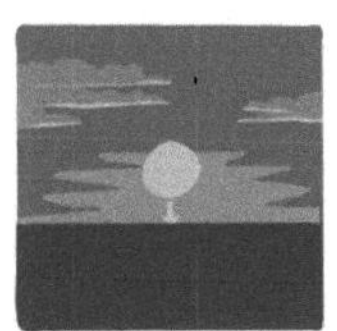

êvar

la tarde

rojên karê

los días hábiles

dawiya hefte

el fin de semana

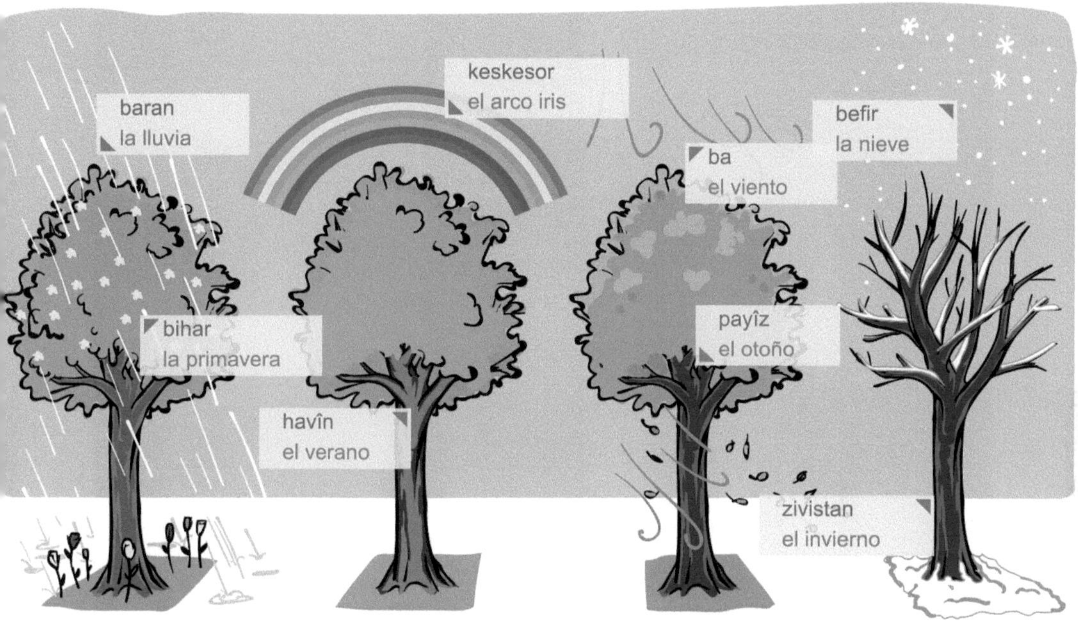

sal

el año

baran
la lluvia

keskesor
el arco iris

befir
la nieve

ba
el viento

bihar
la primavera

payîz
el otoño

havîn
el verano

zivistan
el invierno

pêşbîniya hewa

el pronóstico meteorológico

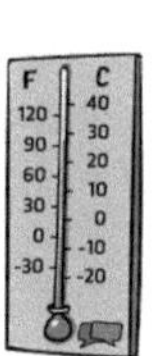

tehnpîv

el termómetro

tav

la luz del sol

hewr

la nube

mij

la niebla

hêmî

la humedad

birq

el rayo

brûsk

el trueno

tofan

la tormenta

terg

el granizo

mansûn

el monzón

lehî

la inundación

cemed

el hielo

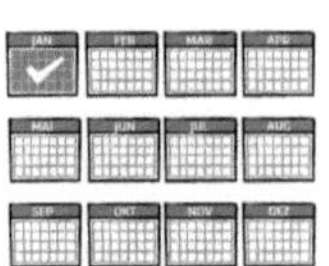

rêbendan

enero

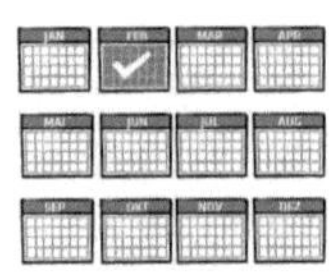

reşeme

febrero

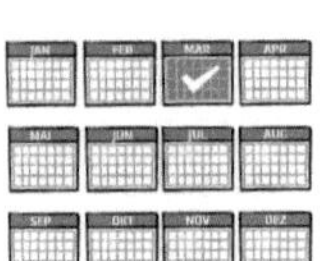

newroz

marzo

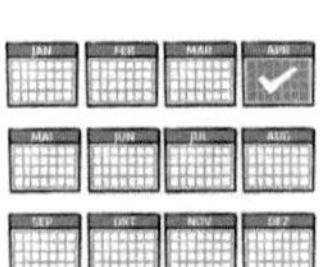

gulan

abril

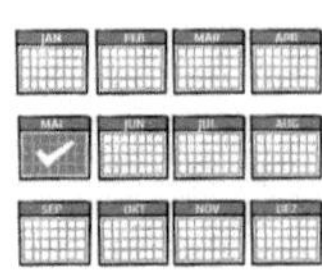

cozerdan

mayo

pûşper

junio

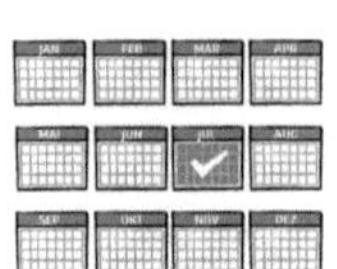

gelawêj

julio

xermanan

agosto

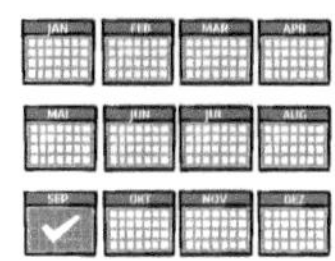

rezber

septiembre

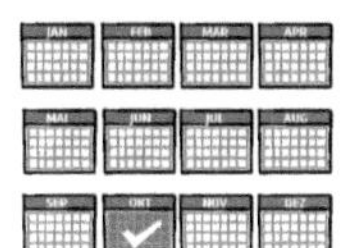

kewçêr

octubre

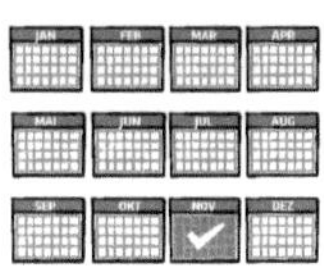

sermawez

noviembre

befranbar

diciembre

şêwe

las formas

çember

el círculo

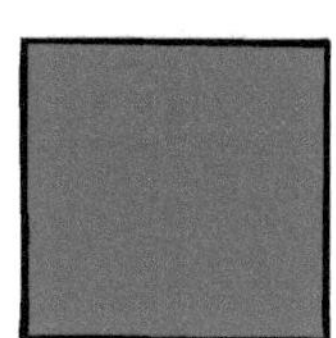

çarçik

el cuadrado

çarqozî

el rectángulo

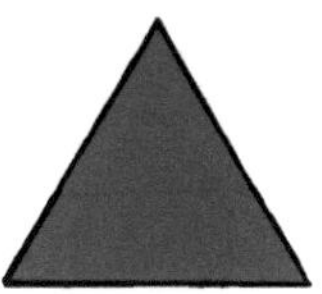

sêqozî

el triángulo

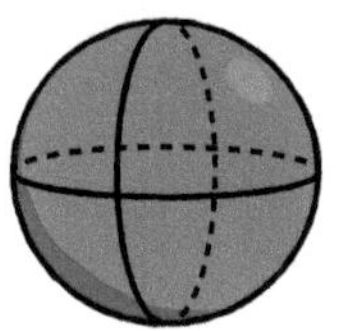

qada

la esfera

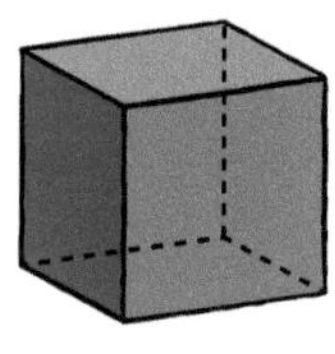

xiştek

el cubo

rengan
colores

sipî

blanco

zer

amarillo

pirteqalî

naranja

pembe

rosa

sor

rojo

mor

violeta

şîn

azul

kesik

verde

qehweyî

marrón

gewr

gris

reş

negro

beramberan

los opuestos

zor / kêm

mucho / poco

bi hêrs / bêdeng

enojado / tranquilo

bedew / nerind

lindo / feo

destpêk / dawî

el principio / el fin

mezin / biçûk

grande / chico

ronî / tarî

claro / oscuro

brak / xwişk

el hermano / la hermana

pagij / girêj

limpio / sucio

tevî / netemam

completo / incompleto

roj / şev

el día / la noche

mirî / zindî

muerto / vivo

fire / teng

ancho / angosto

xweş / nexweş

comestible / no comestible

nebaş / baş

malo / amable

bi heyecan / aciz

entusiasmado / aburrido

qelew / zirav

gordo / flaco

yekemîn / dawîn

primero / último

heval / dijmin

el amigo / el enemigo

tijî / vala

lleno / vacío

req / nerm

duro / blando

giran / sivik

pesado / liviano

birçî / tînî

el hambre / la sed

nexweş / sax

enfermo / sano

neqanûnî / qanûnî

ilegal / legal

rewşenbîr / balûle

inteligente / estúpido

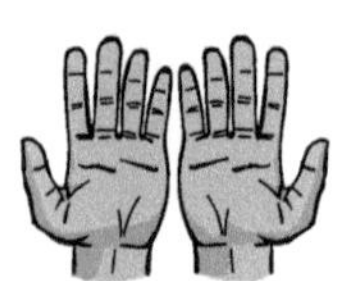

çep / rast

izquierda / derecha

nêzî / dûr

cerca / lejos

nû / bikarhatî

nuevo / usado

hîç / tiştek

nada / algo

kal / ciwan

viejo / joven

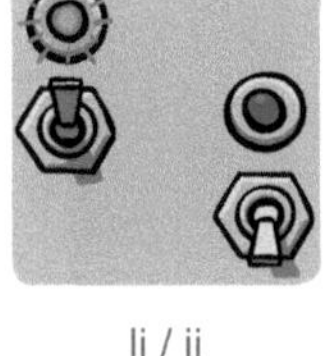

li / ji

encendido / apagado

vekirî / girtî

abierto / cerrado

aram / dengbilind

silencioso / ruidoso

dewlemend / reben

rico / pobre

rast / şaş

correcto / incorrecto

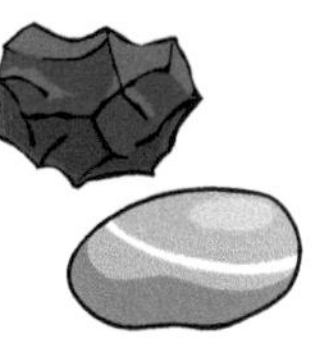

dirr / hilû

áspero / suave

xemgîn / şa

triste / contento

kurt / dirêj

corto / largo

hêdî / zû

lento / rápido

şil / ziwa

mojado / seco

germ / hênik

caliente / frío

şerr / aşitî

guerra / paz

hejmaran

los números

0	1	2
sifir	yek	dû
cero	uno	dos
3	4	5
sê	çar	pênc
tres	cuatro	cinco
6	7	8
şeş	heft	heşt
seis	siete	ocho
9	10	11
neh	deh	yazde
nueve	diez	once

12

dazde
doce

13

sêzde
trece

14

çarde
catorce

15

pazde
quince

16

şazde
dieciséis

17

hefde
diecisiete

18

hejde
dieciocho

19

nozdeh
diecinueve

20

bîst
veinte

100

sed
cien

1.000

hezar
mil

1.000.000

milyon
el millón

zimanan

los idiomas

Inglîzî

el inglés

Inglîziya Amerîkî

el inglés americano

Çînî Mandarîn

el chino mandarín

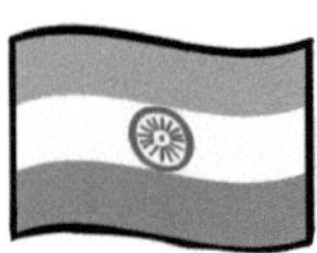

Hindî

el hindi

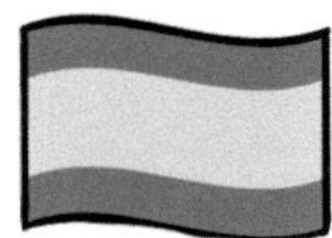

Îspanyolî

el español

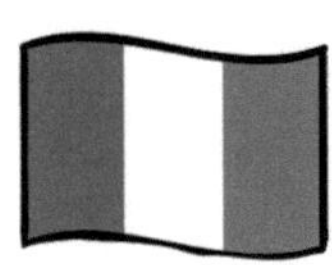

Frensî

el francés

Erebî

el árabe

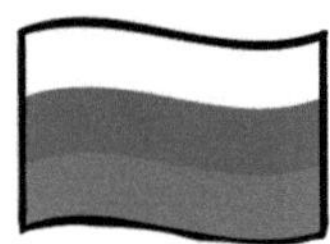

Rûsî

el ruso

Portugalî

el portugués

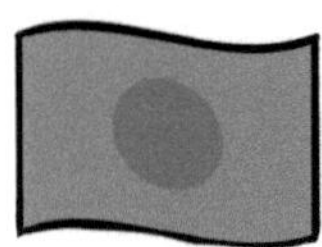

Bengalî

el bengalí

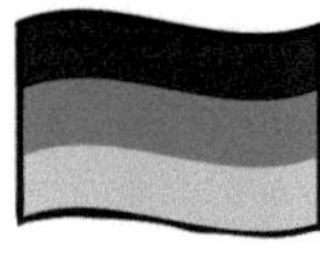

Elmanî

el alemán

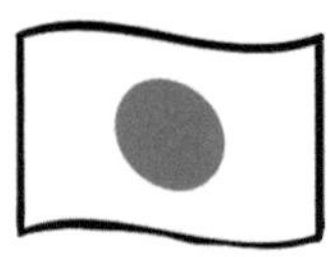

Japonî

el japonés

min
yo

tu
vos

ew / ev / ew
él / ella

em
nosotros

tu
ustedes

ew
ellos

kî?
¿quién?

çi?
¿qué?

çawa?
¿cómo?

kû?
¿dónde?

kengî?
¿cuándo?

nav
el nombre

kû
dónde

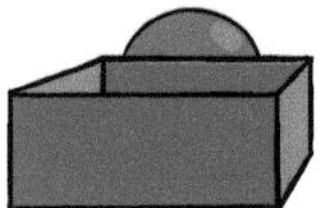

piştî

detrás

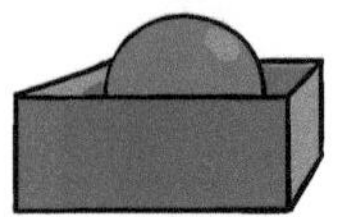

li

en

pêşî

adelante de

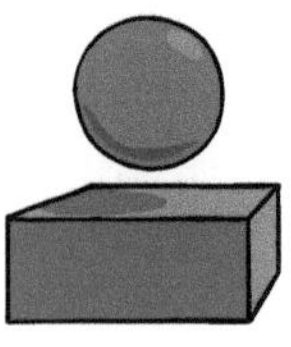

ser

por encima de

ser

sobre

bin

debajo de

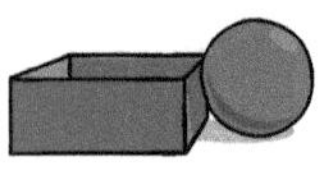

kêlek

al lado de

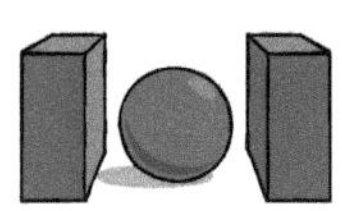

navber

entre

cih

el lugar